雖然是女生
但開著計程車

王婧——著

推薦序

這是一本寫給所有人的「勇氣之書」

「我只是個計程車司機」粉專經營者　**王國春**

記得與王婧初次見面，是在桃園一間咖啡廳，那天我剛好要服務乘客至桃園機場，所以臨時起意，決定約看看住在桃園並活躍於社群的「網紅司機」，見面喝咖啡交流。原以為不會有人赴約，畢竟是當天早上臨時決定的。想不到約了三位桃園的司機，三位司機都有出現，而王婧剛好是其中一位。

對王婧的印象深刻，因為一見面，她就用平板開啟了我的著作（電子書），並請我在上面簽名。我簽的時候笑著跟她說：「這是我第一次在電子書上簽名，謝謝妳的支持。」王婧隨即表示剛經營社群，有很多事情還要向我學習。我跟她說，在我身上沒什麼好學的，只要妳願意寫，過沒多久妳粉專的人數就會超越我了，可能也會有出版社找妳出書，到時候反而是我要向妳請教。

當天晚上，王婧還在限時動態發了一張我的簽名並註記：「終於拿到偶像的親筆簽名了。」

我沒有把自己定義成王婧的偶像，對她的肯定並不是玩笑話，也不是謙虛表現，而是打從心底認為，將來不久她就會經營得比我更好。透過社群的成長數據及王婧個人特質的展現，就可以斷定她是明日之星，作家這條路也是指日可待。

然後，誠如正在閱讀這本書的你所見，王婧出書了，我一語成讖。只是我猜到了她會出書，卻沒猜到她會這麼突然的離開我們。王婧離開這件事，對我而言大受打擊，一時沒辦法接受一個後起之秀就這麼突然離開了。

收到聯經出版邀請我掛名推薦及撰寫推薦序時，我原本想婉拒，因為不曉得該用什麼樣的身分與心情去寫推薦。可當聯經提及王婧有提到要邀請我寫推薦序時，我心裡出現一個聲音：「好吧！既然是王婧的想法，那就寫吧！」

在閱讀這本書時，我盡可能的將自己的狀態歸零，將作家、司機、朋友的身分拿掉，把自己定義成是一位與王婧素昧平生的讀者，唯有這樣，才能降低王婧離世所帶來的沉重，也才能更客觀的閱讀這本書。

我認為，這是一本勇氣之書。書中分享了許多計程車的載客經歷，乘客有好有壞，在遇到不好的乘客時，王婧也在書中提到自己當時內心的想法，以及如何應對，願意將這些寫出來，讓我非常佩服。過去我常提到，計程車是一個具有高度危險的行業，真正危險的地方不在「交通」，而是我們無法預估上車的「乘客」是怎樣的人。

因為計程車的作業環境是：司機專注於前方的路，乘客則是坐在後座。如果乘客有其他非分之想、傷人之心，其實前座司機防不勝防。連我這種有在健身的男司機都會害怕，遑論是衝突時，沒有生理優勢的女司機。所以我相當佩服願意從事計程車服務業的女性司機，包括王婧。

然而，當我仔細讀完本書所有內容才發現，王婧最有勇氣的並不是當計程車司機，而是在獨自面對重度憂鬱症時，還願意走向人群，創立粉專、出書，將這些不堪回首的過往寫出來，並試圖鼓勵大家要「好好生活」。

並不是每個人都願意寫，也不是每個人都有能力寫，這樣的自我揭露，是需要非常大的勇氣，所以，我稱這本書為勇氣之書。雖然王婧離開了，但她把勇氣留給了我們，留在這本書裡，希望讀到這本書的人，都可以「好好生活」。

作者序

無論你正處於人生的哪一個階段，都不要放棄自己

正在翻閱這本書的人你好，我叫做王婧，我不是什麼有名的企業家或者是藝人，我是一個很平凡的女性計程車司機。我開設了一個粉絲頁叫「雖然是女生，但開著計程車」。原本只是一個每天在道路上的平凡司機（雖然現在依然平凡），但我在粉絲專頁中分享了許多日常的瑣事，因而有機會能出版這本書。

這本書所寫的內容，除了有關我與乘客之間的那些故事，也有自

己的人生經歷。我從前患有重度憂鬱症，幾度跌入了人生的谷底，但現在能在這裡寫出這本書，代表我越過了那些黑暗的時期，因而重新找回自己。

計程車這個行業現在對我來說不單單只是個職業，更是我人生的一個重大轉捩點，作為這本書的作者，我很榮幸能夠與讀者分享自己的故事，這是一段我意想不到的轉變之旅。我以前也從未想過自己會踏入計程車行業，接著到如今的部落客，我經歷了許多挑戰和成長。

回想起來，原本我以為人生一場糊塗，我對世界充滿了恐懼與對生活的不確定性，我的心情常常嚴重低落，感覺自己處於一個極度幽暗的密室當中，但是當我開始開著計程車，接送著各式各樣的乘客時，遇見了形形色色的人，裡面充滿著驚奇與勵志。有些乘客讓我體悟到一些人生的道理，並且讓我感覺其實人生並沒有這麼糟糕，我知道這個世界上還有許多比我更加困難的人，也依然在努力生活著。

然而有一天，我突然想創立一個粉絲專頁，裡面記錄著關於我的各種大小事，我將自己的心情和所見記錄在這個專頁上，也分享了一些經驗給有需要的人，因而被不少人注意到我這個平凡的女子。

隨著這不到一年的時間裡，我發現我的專頁吸引了越來越多的朋友，也有某些新聞網轉發了我所寫的文章，他們的支持和鼓勵讓我堅持下去，不再感到孤單和沮喪，我開始意識到，寫作不僅僅是療癒自己的方式，或許也是能夠觸動和感染他人的力量。

如今，我是一名計程車司機，也是一名部落客，更不可思議的成為了作家，我分享自己的成長和心路歷程，希望能夠啟發和鼓舞更多人，同時，我的憂鬱症也漸漸得到了緩解，我學會了如何面對和處理自己的情緒，並且珍惜每一天的美好。

這本書的出版對我來說是一個里程碑，希望透過這本書分享我的故事和經驗，讓更多人看見自己的價值。無論你正處於人生的哪個階段，都不要放棄自己，因為你的內心擁有無限的力量和可能性。

衷心感謝所有支持我的讀者和家人朋友，願我們一起走向更美好的明天，即便人生充滿著許多困境，但只要不放棄自己，你也可以為自己打開另一扇窗。

目次

Chapter 2 那些特別的乘客

Chapter 3 我的每一天都像在開盲盒

Chapter 4 走過憂鬱，成為現在的自己

我也加入55688了。

早上5點，
開始運將的一日生活。

桃園火車站是我的駐點地，
司機們總會在這裡聊天，
科技時代能有長久的友誼是難能可貴的。

有時候乘客會忽視這張貼紙，
如果真的要吃東西，別忘了詢問司機。

Chapter 1

我是女生，也是計程車司機

我如何成為計程車司機

當我踏進美髮業的那一刻起，
我原本以為會在這個行業待到退休。

畢竟家裡除了我之外，妹妹也是髮型設計師，而跟我從小就住在

一起的舅媽也從事美容行業，對於一般人來說，這似乎是個很適合女孩子的職業，每天打扮得光鮮亮麗、化個妝，服務每一位到來的顧客，等到年紀稍長後可能會開間家庭理髮廳直至退休，從前我的想法一直是這樣的。

但當我約莫在二十三歲左右時，這個時候的我已經從事美髮業將近十年，這十年的時光中，我幾乎每天都在重複做一樣的事情，每天起床去公司打卡、準備好自己的妝髮，接著等公司開門營業，剪髮、燙髮、染髮、洗髮、幫客人拍攝髮型作品照，然後在網路上進行宣傳，日復一日，我總覺得有些乏味，當時腦中突然冒出一個念頭「趁著還有勇氣轉行的年紀，不如試試看別的行業吧」？但我要轉到哪行呢？試試看當業務好了，那我又要做哪種業務？賣房子？不行，沒興趣，嗯……還是賣車？賣車好了！我那時候好喜歡開車，像個男孩子一樣對汽車特別有興趣，於是我聯絡了曾經跟他買過車的一位業務，問他公司還有缺人嗎？得到回應後，我馬上去車行進行面試。印象中似乎不到一個月的時間我就從美髮業跳到中古車行業，很跳Tone對吧？我也這樣覺得，但人生就一次，不試試看怎麼會知道呢！

就在當了中古車業務後，某天電腦裡突然傳來一則臉書訊息，是王小銘傳來的，他是我的國小同學，我國小搬家到桃園後就一直跟他同班至國中，所以至今已經認識二十年左右，他傳來的訊息內容是：「妳店在哪？我弟想要買車，我現在帶他過去。」此時我還沒反應過來大家都已經長大成人了，傻傻的回覆王小銘：「什麼？你弟要買車了？他才幾歲而已？」沒想到王小銘長大後個性跟他小時候一樣依然討厭，他回覆：「大姐，妳弟都二十幾歲了，妳覺得我弟年紀多大？快點啦！地址給我啦，現在過去。」

許多年未見的兩個人竟然是因為買賣關係而又開始聯絡，但熟悉的感覺並未改變，感覺還像當年在學校的時候一樣，在寒暄幾句過後，我就這樣帶著王小銘以及他弟弟去看車，當場就簽了一份買賣合約。因為在當業務的關係，過年過節都會送些禮品給客戶，這些客戶裡也包含了王小銘的弟弟，但當時弟弟在當職業軍人比較不方便聯絡，所以常常都是轉交給王小銘，幾次閒聊之下才知道，王小銘已經從金門退伍，跟著爸爸一起開計程車，而弟弟也打算等退伍後，加入計程車司機的行列。

他哥哥因為平時有正職工作，所以是兼職在開計程車，這樣算下來，哇！一個家庭內有四台計程車耶！當時我甚至覺得這太酷了吧！再過一段時日，很多因素我從中古車行業離職了，並且罹患重度憂鬱症，對於要出門面對「人」甚至「社交」都是非常害怕的，但生活還是得過下去呀！總得找一份工作來做才行。

我想了又想，突然想到了那名死對頭同學，並且想著「開計程車好像比較不用跟人打交道吧？而且我還滿喜歡開車的，不然來試試看吧？若不行再說吧」。於是就聯絡了王小銘，詢問一些要怎麼入行的事項，過沒多久，我也考到職業駕照及計程車執業登記證，並且開始了我的計程車人生。

王小銘一家人都是在桃園火車站排班，於是我也在他們的帶領下，跟著他們一起當排班車司機。進入了車隊之後，也有不少叔叔級的前輩們會關心我是否能適應，當時的我覺得，這些人為什麼會莫名其妙跑來關心自己，於是就問王小銘。王小銘這時才表明：「哦，我爸是隊長呀，我跟他有交代這些舊隊員們要關照妳一下，這樣也比較不會有人欺負妳。放心，如果妳遇到什麼比較不好的乘客，隨時跟我們說。」

但其實最會欺負我的人就是王小銘啊，只要王小銘排班在我前後，就會三不五時開車門或開後車廂嚇一下我，這麼幼稚的個性竟然沒隨著年紀增長而消退。

而現在寫這本書的這名女計程車司機，沒錯，就是我本人，這就是我怎麼從一名美髮設計師轉職成計程車司機的故事。說起來，我現在能在這裡寫這些故事，還是要感謝我的這位「孽緣」同學，所以我把他寫進書裡，以此感謝他及他家人對我的照顧，到目前為止我們仍是好友兼戰友，去年剛好他的第一個孩子出生了，在此也恭喜他晉升為人夫及人父。

你印象中的小黃司機

身為計程車司機，每天面對各種形形色色的人，我是一個很喜歡觀察身邊環境情況的人，與其說是喜歡，不如說是從早期做美髮服務業時養成的習慣。

服務業在面對顧客時，要學會觀察他的面部表情或是肢體反應，為什麼要做這樣的練習？舉例來說：假設我正在跟顧客介紹或推銷項目方案以及價格時，發現對方面露難色或是有雙手交叉等動作時，這時候你就該知道顧客應該正處於不太耐煩的情況，就要適時的收手，避免讓顧客感覺到你在強迫推銷。

看到這裡你可能會想，觀察人事物到底跟計程車司機有什麼關係？接下來請讓我為你們述說。

某次我與友人相約要去吃午餐，因為雙方都是開車的關係，所以選擇在大賣場內的美食街吃飯，其一是因為方便停車，其二是我們還尚未決定要吃什麼，大賣場裡的美食街提供了很多選擇，當我們正在物色午餐時，友人提議吃某家連鎖店的炸豬排，由於我是不太挑剔的人，所以也就接受了他的提議。

當我們進到餐廳內，一名服務生接待我們到座位後，我就開始瀏覽菜單並鎖定好要吃的套餐內容，如果我當下沒有訊息需要回覆，通常我會放下手機觀察四周的環境、服務生的態度或是正在用餐的人們，當我正在東張西望時，一名服務生過來準備幫我們點餐，但這名服務生不是剛才接待我們到座位的那位。

這名服務生一開口，我便感受到他的講話語調比較有高低起伏，並不是平平淡淡的介紹，這種語調會讓我感覺到他的熱情，並且在我們點餐時，也非常仔細的介紹餐點內容，甚至是肉品的口感，他對於店內的「商品」瞭若指掌，讓我一度以為他可能是店長，但在我看了他的名牌後發現，他並非主管階級的員工。

當我們開始享用午餐後，這名服務生又來了，他主動的補好茶水並詢問用餐狀況，然後告知我們若高麗菜絲吃不夠可以隨時叫他。你可能覺得這種服務很一般且普遍，但其實這間店沒有收服務費，所以他做的行為都是發自於內心，是對於工作的熱情，為什麼我會這樣說呢？因為在用餐期間我也觀察了店內其他服務生，他們並沒有像這位這麼的積極熱情，反倒是我看到的這位總是很忙碌且面帶笑容的關心客人，因此讓我留下深刻印象。

但是，我是對「這個人」印象深刻，而不是「這家店」。

這時你可以反思，若換作是你去餐廳用餐，遇到了服務較差的服務生，你會覺得是「服務生服務不佳」，還是「餐廳服務不佳呢」？正常人的反應應該都是「這家店服務不佳」，且可能還會上Google評論給一星。不過，究竟是該餐廳的員工都是如此？還是單純只是

「這個人」導致一顆老鼠屎壞了一鍋粥呢？

相同的，計程車行業也是一樣，大眾普遍對於「小黃」的印象都是髒亂、司機態度不佳，或是常繞路，尤其是在一些計程車相關的新聞內容下方，我們總是會看到一大堆的負面評論，或許是因為你之前有過不好的搭車經驗，但真的全部的計程車司機都如此嗎？

這就跟我前文舉的例子一樣，其實並不是所有的司機都如此，不單只是「我」不是這種司機，我也認識許多非常顧車、對乘客態度良好的優質司機。

我的父親也是一名司機，他對於自我要求極高，他在沒有加入任何車隊的規範之下，還可以自律的維持著車內外整潔，每天穿著襯衫、西裝褲以及黑色皮鞋出門工作，二十幾年來都是如此。

不知道各位有沒有看過日本的計程車司機呢？他們大多會戴著白色手套，我父親在台灣也做著跟日本司機相同的事情，若各位有機會搭乘台北松山機場的排班計程車，看到一位戴著白手套開車的司機，不妨可以詢問他：「請問您是王婧的爸爸嗎？」也許你們就會因此相遇了。

至於我，則是桃園火車站的排班車，基本上在車站的司機我也認識不少，當我們出車慢的時候，總會下車寒暄幾句，有時候你可以見到這些叔叔們很認真的在擦拭自己的車輛，維持乘客搭車的品質。

「叔，這麼認真呀！擦得這麼亮！」我看到他們在擦車，總會過去搭話。

「也順便當作運動啦！而且這樣乘客坐起來不是比較舒服嗎？」通常叔叔們都會這樣回我。

的確，計程車行業的入行門檻比較低，只要你擁有職業駕照並考上計程車執業登記證，也不用進行所謂的面試，就可以開啟你的計程車事業。

對於這些自我要求極高的司機，他們做的不是工作，而是把這個行業當作自己的事業在經營，如同一人公司的老闆，但他們嚴格要求自己的品質，堅持要做到最好，因此這種司機通常都會有所謂的「固定客」，總會有許多乘客把他們列為「最愛司機」，代表其事業是成功的。

下次當你遇到車內環境很好、態度也極佳的司機，請直接對他們說聲「謝謝」或是「辛苦了」，身為司機，若聽到乘客這樣回應，內心會感到很滿足，且更有動力為各位服務。在這裡預祝各位讀者往後在搭乘計程車時，都能遇到你們心目中的好司機。

當他們變成家人

一般人在職場上會需要面對同事，職場這個詞聽起來充滿勾心鬥角，甚至被戲稱是「職場後宮甄嬛傳」，感覺每個同事都如同電視劇中的宮鬥般難對付，但不知道你們有沒有將同事變成家人的經歷，至少我是有的。

我的同事們當然就是車隊裡的所有司機夥伴們，當然我不可能每位都熟識，但還是認識一半以上的司機，起初因為我有「社交障礙」，所以當我在火車站排班時，基本上一定都是在車上滑手機或發呆，而且面對這麼多年長的司機叔叔們，我也真的不知道該怎麼樣跟他們攀談交流，見到面總是點點頭或是揮手打個招呼罷了。但我加入車隊時剛好正逢年底，所以過沒多久就是車隊的尾牙。

當天的座位沒有固定安排，進到餐廳內就是各自找位子坐，我找了一桌「似乎」比較常見的司機們搭伙，坐在同一桌一起吃飯，吃飯過程中當然還是充滿尷尬，甚至不太敢夾菜，畢竟其他人都是長輩，但叔叔們依然很熱情的叫我不要客氣，想吃什麼自己動筷沒關係的。

其實他們都知道我是誰，畢竟車隊內比較年輕的女司機當時只有我而已。隨後他們也開始自我介紹，但其實那段時間我還是記不得他們所有人的名字，所以有一段時間我都是以「哥」或是「叔叔」來稱呼他們。

後來因為我們有在用類似對講機的APP，在排隊報班次或閒聊時都會使用這個叫「Zello」的APP，於是，我跟這些「哥」還有「叔叔」們就漸漸熟絡了起來，有時我們也會在下班後，幾個人約一約吃飯聊天，很多司機人都很好，怕我餓過頭，所以時不時就會拿一些小餅乾、小零食，讓我在忙碌沒空吃飯時，有點東西可以墊墊胃，也因此我在車隊裡認了一位「乾爹」，久了之後真的感覺很多叔叔們都像爸爸一樣對我非常照顧。

然後那些被我稱為「哥」的司機們，也把我當親妹妹般，他們買飯時總是會順道問我吃飯沒？要不要幫我買等等，這些大哥們也總是常叮嚀我，如果遇到「黑白來」的男性乘客，對講機喊一聲，離我最近的馬上就會衝過來找我。

此外，只要有夥伴們在路上出了事故，車隊的其他司機就會第一時間詢問地點，然後馬上過去幫忙。像我就遇過一次車上有乘客卻在路上出了事故的經驗，當時就有一名隊友幫我把這名乘客載到目的地，讓我能安心跟對方以及警方進行筆錄，事後這名隊友竟然還把車資給了我並且對我說：「沒關係啦！反正我本來就在附近，妳都開到那邊了，錢妳就拿著吧！」

我也工作了許多年，但感覺同事真的如親人般卻是頭一次，且不是什麼隨便喊喊「我們是一家人」的口號，他們是真的用實際行動表現出團結及向心力。

這讓我想起，反倒是我的親生母親並沒有給過我這樣的溫暖，雖然父親還有聯絡，但父母離異後，母親就把我跟妹妹丟給外公外婆撫養，請允許我稱他們為「阿公阿嬤」，因為小時候被同學糾正說應該稱為外婆，於是回家喊了一聲外婆後，阿嬤竟然大發雷霆，她並不喜歡這個稱呼，因為阿嬤覺得有個「外」字會感覺很像外人，因此我再也不說「外公外婆」這種稱謂了。

至於我母親，在我們小時候偶爾回家時，她會背著阿公阿嬤偷偷的對我跟妹妹進行「肢體家暴」。你在電影或電視劇上看過的拉扯頭髮撞牆、壓在地上一頓踹等，這些事情我母親都做過，但在當時那個年代，網路資訊尚未廣泛，我們只知道媽媽會打我們，並不知道這就叫做「家暴」，所以我們也只是隱忍。

後來她自己離家，彼此再也沒有聯絡，當老師知道我們是隔代教養家庭並問起「媽媽呢」之類的問題時，我們姊妹倆也只能回說「不知道在哪裡」。

總之，我很感謝千石萬壽車隊裡所有夥伴們的照顧，謝謝你們再次讓我感覺到家的「溫暖」。

女生，開計程車？

上帝創造了亞當與夏娃，但上帝似乎是說夏娃可以陪伴亞當，而不是被亞當所保護。

計程車、貨車、聯結車司機甚至在天上飛行的機師，在你的第一印象裡，會是男性還是女性？我相信在大部分人的印象中，這些多是定義為男性的職業，為什麼？因為女性先天上就比較柔弱嗎？還是女性就該被男性所保護？

其實在你生活的這片土地上，以上的職業也有女性在其中，雖然當中的男女比例還是很懸殊，但我們不能否認，女性確實也不會因為先天上的基因條件而被限制住，當然這不僅僅包含運輸行業，其他像是工地等需要大量勞力的職業也有女性加入。

其他像是美髮師、美甲師或彩妝造型師等，是否你的第一印象也認為是女性的職業呢？但其實在日本，這些行業的男女比例不相上下，甚至很多知名的老師都是男性，所以誰說女性就該做什麼、而男性又該做什麼呢？重點應該是你熱愛什麼，且自身願意投入並付出才是最重要的。

雖說台灣社會風氣已經比以往開放，但在更早期時，女性通常被定義為必須在家相夫教子，丈夫外出打拚家庭所需的經濟來源，說到這個，我不得不稍微提及一下我那已離異的婚姻，這段婚姻中不但教會我女性也能自立自強，更讓我堅信，沒有什麼職業是應該被這個社會所定義的。

當年的我很年輕時就結婚並育有兩女，我的前夫年紀大我八歲，他在家中排行老四，所以我的公婆已是可以做我阿公阿嬤的年紀了，我的婆家屬於非常傳統思想的家庭，當時我所期望的是夫妻兩人都外出打拚，而孩子在我們夫妻工作時則交由保母去照顧，甚至如果我婆婆願意，也可以交由她照看並支付她正常行情的保母薪資。我的前夫是做油漆行業的，我則可以回到美髮業去任職，夫妻兩人的薪資加總後，就算支付保母費用，也一定會比一個人打拚來得多。

接著我們夫妻倆將這個提議告知公婆，得到的結論只有「孩子還小，等大一點再去工作」，既然長輩都發話了，身為晚輩的我們也只能尊重。等孩子再大一點已經可以上幼稚園的年紀時，我們又將這個想法提出，但一如往常得到相同的回應「女人就好好在家帶小孩就好了，幹嘛出去工作？」於是，我到離婚前都在家裡當全職媽媽。

但當我離婚時我赫然發現一件事，那就是我「一無所有」，孩子的監護權在她們父親那裡，而我原本的積蓄早已為了這個家庭支出花到一毛不剩，再加上我在婚姻期間完全沒有收入，我是真的一無所有，當年的感受到至今還是如此深刻，於是我了解到，女性還是得有一份自己的事業、自己的存款，甚至是任何資產都好。

幸運的是，我還有一技之長，於是我重返了職場，像著了魔似的瘋狂工作，一方面忙碌可以讓我忘卻孩子不在我身邊的悲痛，另一方面則是我得非常、非常、非常努力的賺錢。

「只有錢不會背叛我」，當時的我想法只有如此，於是我接下其他設計師不想接的客人、加班到最後才下班，休假日也往店裡報到，我瘋狂工作到我的上司跟我說：「Debby，明天妳休假對吧？妳好好在家休息一天好嗎？我真的怕妳把身體累壞。」不！我不！我要證明我自己可以！只能說年輕時的自己就是如此的頑固。

所幸我的努力並不是毫無收穫，在將近兩個月的時間內，我的設計師排名擠進了全北區第十二名，當時全北區的設計師總數大概是將近兩百位，並且在半年的時間內，我就升職到分店當店長。

當然這又是另一段故事，當時的我還太年輕，並不懂得經營及管理，最後雖然回到設計師的職位，但在當店長的期間我也收穫良多，「每一次的失敗都將會是你成長的一步」，這是我一直以來堅信也確實是如此的一句話。

所以，女人們，如果妳有想做的事情就盡情去做吧！人生只有一次，失敗了又何妨？妳獲得的將是屬於自己的人生經驗。同樣的，男人們，請別在意世俗的眼光，社會不應該定義我們成為什麼樣的人，就算身心俱疲，但只要是熱愛之事，就會甘之如飴。

排班車的那些事

時代的快速轉變，
連我這個年紀不到三十的人都深深有感，
更何況是比我更年長的那些人。

往回看我們的學生時期跟現在的學生相比，就已經是天差地遠。我們小時候玩鞭炮、抓魚，用大人們汰換的按鍵型手機就已覺得滿足，到後來出現了智慧型手機，更多的科技出現，也產生了更多的新

奇產品，而現在，連門鎖都已經「智慧化」。

計程車行業也隨著科技的進步而有所改變，從最早期的招手攔車到車隊派遣電話叫車，再到現今的手機APP叫車系統，各家車隊在這個市場內競爭，而在最早期除了招手攔車以外，還有一種方式可以叫到計程車，那就是計程車排班站。

除了火車站、高鐵站、機場或是地方法院等，其實路邊還有某些地方也掛著計程車排班專用的標誌，雖然有些區域的排班點可能人潮不多，比較不會有計程車去排班，但還是會有一些司機將這些不起眼的排班站當作臨時的休息區。

現在科技普及，至少有一半以上的客群已經習慣用手機叫車系統，所以總是有些人會覺得去當排班車的司機們，通常都是年紀很長的老司機，但也因為這群司機的堅持，各位才能在火車站等人潮擁擠的地方，不需要透過叫車就有計程車可以搭乘。

說起來排班站還是有些老文化，雖然我不是資深司機，但也略聽了一些關於早期排班站的小故事。

可能一般人不會注意過，計程車的車頂上面都會有個燈殼，但不會仔細去看上面寫了什麼或是什麼標誌，其實，燈殼也算是一種同行之間互相辨識對方是哪家車隊或區域的方式。聽一些前輩們說，早期的排班點會有所謂的競爭，也就是占地為王的一種，有點像什麼攻占城池的遊戲，然後通常同一個區域的排班車，車頂上掛的燈殼都會是一樣的。

所以計程車行業至今都會有個小默契，若是去到不熟悉的區域排班，都會下車打招呼問候，或是詢問這個排班點有沒有什麼「規矩」等，其實這個規矩也就是所謂排班的順序，因為有些地區排班點的進出有點複雜，若沒有詢問這邊的老前輩們，很可能會發生不小心「插隊」而引起其他司機的不滿，你會看過的計程車新聞，可能大部分都是因此事而起了口角，甚至引起紛爭、動手動腳。

我剛開始開計程車時就有吃過這種虧，當時我進的排班站是一個圓環型的，而我只看到那個圓環末端的車輛便跟著排在了後面，殊不知在圓環後還有幾台等待進圓環排班的司機大哥們，於是他們看到我「插隊」後，便下車用不是很友善的口氣跟我說話，不想引起紛爭的我，當下就是道歉說不好意思，不知道後面還有車輛，然後趕緊開車離開。

但有些運將大哥的個性就是喜歡「槓到底」，這時候就會引起很多不必要的爭吵甚至上演互毆的戲碼，最後就變成各位所看到的社會新聞了。

雖說有時候同行之間可能並不是同個車隊，但也會互相認識甚至變成朋友，像我自己其實也認識不少非同車隊的司機們，只要彼此好好相處，甚至還能進行互利，也就是當預約客需要搭車但剛好自己的時間對不上時，這時候就可以聯絡自己比較信任的司機去接送，畢竟把預約交到自己信任的同行，也比較不會流失客戶，而該司機也減少了空車的時間進而賺取了收入。

而計程車排班站之所以仍存在，就是因為還有供需，像是一些外籍旅客並不知道在外地要如何叫計程車，就好像我們出國需要搭計程車一樣。有一些比較年長的乘客，因為不會使用叫車軟體，他們還是習慣招手攔車，而我們的存在，就是在服務這些乘客們，所以我並不會覺得當排班車司機是只有年長司機才能做的事，反而在火車站搭到我的車的乘客們都會驚呼「哇！妳好年輕」。

而我，也會盡力做好本分，讓乘客有乾淨舒適的乘車環境。

我身邊的女性司機們

她們為了生活而努力，
在我眼裡，她們就是最閃耀的那顆星。

我所認識的女司機們，有的未婚、有的已婚有孩子，有的則是已經有了孫子孫女，她們每天穿梭在這些道路上，為了生活而努力，而

這樣的她們，就是最亮麗的女性。

很多人總會疑惑，為什麼女生要開計程車，不去做其他工作呢？其實，很多女性司機大部分都是因為家裡長輩退休而接手開計程車，或是本身家庭中就有兩三位以上的成員是計程車司機，像我認識的幾位都是如此。

我在車隊裡有一位較要好的女性司機，她的父親已經滿七十歲退休了，在她接手以前，她是早餐店的老闆之一，但因合夥人決定收店，在待業期間嘗試開計程車順便另求他職，沒想到她開了一段時間後，覺得開計程車時間很彈性，收入也還算穩定，最後就跟她父母親說：「我決定成為全職司機了。」而她因為已習慣早餐店的生活作息，所以也是早早就出車上工，清晨五點左右就可以看見她的身影穿梭在市區。

而我跟她較為要好的原因，其一是年紀相仿，跑早班的司機中，我們是算比較年輕的，其二就是我們同樣為女性，所以很多話題都可以聊（包括較為私密，不會跟男性司機提到的生理話題等），雖然她的外表比較中性，但我們都以姐妹互稱，工作上也常互相支援對方，一天沒講到話就渾身不自在，她真的是我的超級好夥伴。

還有一位跟我也很不錯的已婚司機姐姐，她從事這個行業將近十年了，大概也就差不多是在我這個年紀時就開始開計程車，而她入行的原因是，父親及兩位叔叔原本就從事這個行業，她的先生也是一名職業物流司機，計程車行業的時間比較彈性，所以姐姐工作的同時又可以兼顧家庭，她每天都是載完孩子上課後出門開車，然後工作到孩子的下課時間，就順道去接孩子們回家，假日則是他們的親子時光，她可以很好的安排自己的時間，就算孩子在學校臨時生病或有什麼事情，她也不用跟老闆請假，因為她就是自己的老闆。

女性在已婚後都會面對相同課題，就是如何兼顧家庭跟工作安排，很多職業婦女都很辛苦，為了家庭跟工作蠟燭兩頭燒。以這幾年的新冠疫情來說，之前因為學校停課，很多職業媽媽們得留在家陪伴孩子，但又害怕失去原本的工作，甚至導致夫妻間的相處不協調。也有些夫妻都是職業司機，在孩子出生需要照顧的時候，太太負責早班出門工作，晚班則由丈夫接手，兩個人都盡責的做到照顧孩子與家庭經濟的責任，這樣可減少許多生活上的摩擦。

接下來則是大家比較常見的，即稍微年長的女性司機，這些司機有些是兼職有些則是全職，兼職的通常都是白天幫忙兒子女兒顧孫子或孫女，傍晚孩子們下班接手照顧後，她們就會趁空檔出來開車工作，負擔部分家中經濟或是打發時間，畢竟有錢可以賺。

全職司機通常都是從年輕就開車到現在，每天從早開到晚已是她們習慣的日常，因為當初也是跟著父親或是丈夫一起開計程車打拚至今，從未離開。

這些女性司機都有不為人知的故事和辛酸，但她們身為女兒、媽媽或是奶奶，為了自身或是家庭，從不在意那些世俗的眼光，她們工作時充滿魅力。可能很多女性嚮往的工作是櫃姐、空姐等外表光鮮亮麗的職業，女司機在外人眼中或許外表沒有精心打扮，但她們認真打拚的模樣，早已經超越了外表，那是從內心散發而出的美麗。

我很喜歡一句話，即「Beauty is found within.」意思是美是由內在散發出來的。不管妳擔任什麼職業，又或許妳是全職媽媽，不論妳的年紀是幾歲，妳永遠是最獨特的，妳認真生活的模樣就是最美麗的，女性永遠可以從內心散發出屬於自己的美。

他們為何不願意退休？

現在這個時代，很多人從年輕就開始投資理財，
就是為了能提早退休，享受人生，
或是進入半退休的生活，開始做一些自己想做的事情。

計程車行業的最高年限是可以開至七十歲，當滿七十歲時，計程

車駕駛的執業登記證就會被交通大隊收回註銷，但若以一般人的想法來說，如果不是生活欠缺金錢，應該頂多工作到六十至六十五歲就已經很緊繃，想好好度過退休生活了吧？畢竟打拚一輩子已經這麼辛勞了，想到退休生活就覺得愜意，這個年紀的人，大部分應該是處於「含飴弄孫」的狀態，可以獨自或是跟老伴一起到處走馬看花，欣賞這個世界。

不過，很多計程車司機都非常堅持，開車開到七十歲依然捨不得退休，起初我真的很納悶，因為在桃園火車站排班的關係，很多司機是比較年長的，應該有八成左右的司機都已經五十歲以上，甚至部分司機都已經六十好幾接近七十歲了。是家裡需要用錢嗎？還是有什麼其他原因，導致他們無法退休呢？

說到這裡你應該也有同感，可能想法也跟我一樣，人生打拚到六十歲左右，我就感覺很倦怠，會想退休好好休息了，到底為什麼他們要這麼拚命啊！工作到七十歲，我真的光是用想的都覺得累。

這一年多來，我也開始跟車站裡的司機大哥們熟識，有時候閒聊時會聊到叔叔們以前是做什麼行業的、家裡有幾個孩子、幾個孫子孫女之類的，講到行業，我聽過非常多，有的甚至是做金融業、外貿業，退休後才來開計程車，甚至有不少房產及積蓄，既然都已經可以退休了，為何還要每天早起開車啊？我心裡真的很疑惑。

當我開始早起加入所謂的早班行列之後，我發現我漸漸可以明白，為什麼這些司機叔叔們會捨不得退休了。桃園火車站差不多早上五點左右就會開門，陸陸續續就會有很多司機過來排班，當然這個時候還是人煙稀少，出第一台車有可能是六點後，那這一個小時司機們都在幹嘛呢？這個時候就是我們的交際時間。叔叔們都會從車上下來跟同事們聊天、走路運動、整理車子等，我也會下來陪他們閒聊，因為是早班裡最年輕的，叔叔他們都把我當女兒看待，對我很親切。

聊一聊會發現，有些司機大哥彼此已經認識幾十年了，從年輕就認識，到現在快要退休依然是好友，遇到跟我比較熟的司機，我都會直接問：「叔，你怎麼不退休啊？這樣不累嗎？」他們總是笑著回我：「退休這麼無聊，每天早上都要來這裡聊天才可以呀！有時候我跑到九點多就回家了。」

更誇張的是，還有些已經退休的司機，雖然換子女接手車輛繼續開計程車，但自己依然每天騎著「歐兜賣」來車站，就是為了跟朋友抬槓幾句。這些司機大哥們也很常晚上約去餐廳吃飯聊天，我也參加過他們的聚會，他們會分享以前跑車的故事，或是聊最近載到的乘客趣事，總之就算我年紀輕，他們也不會讓我覺得格格不入。

漸漸的我就明白了，讓他們捨不得退休的不是金錢，而是那幾十年的「情誼」，他們彼此之間是「好友」亦是「戰友」，從年輕時就一起開車，有些甚至是在吵架、打架後，吵出感情變朋友的。

看著一代接著一代的司機們退休，現在換他們也接近退休年齡了，雖然3C很發達，聯絡也很方便，但他們仍然堅持每天一定要跟好友碰面，這種情誼以現在來說，是非常難能可貴的，畢竟人手一支智慧型手機，其實也可以打視訊電話就好，但他們依然堅持碰面。我真心希望這種珍貴的情誼，未來不會被科技取代。

當我成為乘客

我還在從事美髮業時，一直以來偶爾都會去做一件事情，
就是趁著休假時去別間髮廊消費，
而且是在這間店家完全沒有認識我的同行下。

我並不是想要去當「間諜」研究別人的營運模式，而是想要當一位真正的「顧客」。

在對方也完全不知道我是同行的情況下，他們會呈現出最真實的一面來對待顧客，這時候我就可以認真感受他們說的每句話、每個動作及細節。當我覺得感受不錯時，我可以學習對方；反之，當我感受不佳時，也能檢討自己是否也會這樣對待顧客。

當角色對調時，你才能完全體會當「顧客」的感受，這就像有句話說：「當你成為老闆後，你的思想模式會跟當員工時不一樣。」當然，這不侷限在你必須真的成為一名老闆，不管身處什麼行業，都可以去探討同業間的優點或缺點，進而學習，避免自身犯錯。

在我成為一名計程車司機後，雖然我並不會刻意的去搭乘計程車，但偶爾有些需要飲酒的飯局，或是我放假要去一些較難停車的地方時，這時候我就會選擇用手機APP叫車，當然我也可以選擇跟認識的同行叫車，但我通常並不會這麼做，因為就像我在前文說的，彼此互相不認識的情況之下，才會看到其他司機最真實的一面。

我在搭車時，並不太會主動跟司機搭話，我會先稍微觀察車內的環境，包括司機的打招呼或是車子行進間的油門加速、煞車、轉向等，當然，如果該司機開口跟我聊天，我就會順勢的跟他聊下去。視聊天的內容方向，有時候我會完全的當一名「乘客」，但如果聊到計程車行業的內容，我可能也會表明我也是一位「同行」，而且不管是小黃還是多元化計程車我都會搭乘，因為都有可以學習探討的地方。

也因為如此，我才有機會遇見那位令人佩服的多元化司機。當時我正要前往某家餐廳，那個時段剛好是下班車潮，短短三公里的距離，因為塞車之故，讓我跟這位司機聊了許多。

那天我一如往常的打開手機內的叫車APP，因為當時並不是很好叫車的時段，所以我讓系統隨機指派，於是系統派給我一台多元化計程車。這台車滿特別的，是一輛約莫五、六年前的賓士廂型七人座車款，這款車應該是屬於系統內的「尊榮車」，因為當下沒車的關係，就算需要加價我也無妨。

一個人搭乘七人座的車型，還真有尊榮的感覺。因為是尖峰時段，所以我很明白司機抵達上車點的時間並不會跟系統上顯示的時間一樣，當我在家樓下等車時，司機直接來電：「您好，是王小姐嗎？不好意思，我現在正在〇〇路上，大概五分鐘後會抵達，麻煩您稍等一下。」我回覆他：「沒關係，您慢慢開，我在樓下等您。」雖然手機系統上可以直接看到司機的位置，但司機透過來電緩解乘客等待時的焦慮情緒，就能避免因遲到而被乘客投訴。

一上車司機大哥就親切問候，並核對我的姓氏，確認是否載對乘客，他把整個細節都做得很完整，因為車內空間很大的關係，我發現他在車內放了幾層透明小置物盒，裡面還放了幾本書，看來這位司機大哥會利用等待時間看書。

大哥是個性比較熱情的人，上車後沒多久就跟我「開聊」。大哥說：「我是台北車，剛好有乘客預約我的車到桃園，等等還要搭回程，所以在桃園加減開幾趟，但我路比較不熟，王小姐妳有想走的路線可以跟我說。」

「沒關係，照導航走就可以了。謝謝。」我回應。閒聊幾句後，大哥表示他開車營業已經三年了，這三年除非有事，不然一定每天都出車上工，清晨五點出門，中午休息後，下午再繼續開到晚上。

「您這樣不會太累嗎？」我問大哥。大哥說：「沒辦法呀！上有老下有小，我每天一定要達到目標營業額才會回家，而且這台車油耗不漂亮，但家裡老人家坐起來比較舒適，所以才沒換車。」

我除了佩服他不向命運低頭的精神，也佩服他會利用空間時間閱讀，充實自己，再來就是他對待工作的熱情態度，並沒有因為疲勞而消失，他把每個細節都做得很完善，也因此擁有許多固定預約的乘客，而我遇到這種司機時，下車時也習慣跟對方說「不用找了」。

雖然只是些零錢，但我希望這個微小的行為，能讓這些優秀司機們更有動力來服務下一位乘客。我也感謝這位大哥讓我學習了許多，也祝福他行車平安、生活順遂。

運將的一日

計程車司機的工作，因為有著極度的自由，
講白話一點就是「你想不想上班都可以」，
在這種沒有人約束的生活中，
我們就必須保持著高度的自律能力。

其實說真的，有時候也會感覺日子很乏味，因為我們每天都重複做著一樣的事情，這件事情就是單純的開著車在路上到處跑。自由帶

來的優點有許多，例如你不用趕著上班打卡、外出不用報備主管、想幾點下班都可以由自己決定。

但如果本身不是自律的人，就可能會發生一些情況，比方說今天太累不想出門、開沒幾趟突然想摸魚、順路來去找朋友聊天吃飯、生意沒有很好乾脆直接下班，諸如此類的事情，久而久之，當事人就會對生活有所埋怨，覺得開計程車似乎賺不到錢甚至無法度日，有些人還會輾轉向乘客抱怨這個行業。所以我覺得要在這個行業生存，不只是需要自身的自律，有著良好的心態也很重要，很多時候心態決定了你往後的每一天。

許多司機每天都在抱怨，也有總是保持樂觀態度的司機。有些司機總是抱怨「哎呀，生意好差，根本賺不到錢」，偶爾也有乘客搭車時會詢問我「上次坐到另一台車，司機說生意不好跑？」我想說的是，我們這個行業直接一點來說，是「有出門就有收入，收入就是靠經營、靠運氣」，經營這塊先不談，那運氣何來？我覺得有五成的機率取決於你的「心態」。

我們假設有兩個人，他們對於出門開車有著截然不同的想法——

A司機起床時的第一個思考反應：「準備上班啦！今天生意應該會不錯，一定能達到目標。」

B司機：「唉，平日也沒什麼客人，晚點出門好了？還是乾脆休息算了？」

其實也不是說不能放假休息，適當的休息放鬆也是需要的，但我所說的是「每天出門的心情狀態」。

我上班去牽車的途中，會經過一間小小的土地公廟，有時候我會拿香拜一下，或是經過時心裡默唸著：「土地公伯伯，今天也保佑我旺旺哦！」雖然可能只是一種心理作用，但心情就會覺得「今天應該也會不錯吧」！當然，也沒有天天在過年的，營業額不好的那天，轉念思考「明天會不錯」、「其實今天也很棒了」，心情就不會因為當天的營收而受影響。

再來談談自由的優點，我自己最喜歡的就是「可以自行安排上下班時間」，或者是設定一個營業額目標，達標就下班，但我的做法是會在固定的時間點出門，就好比上班族打卡上班，下班時間則不一定，看看老天爺當天給我的運氣如何，我只要達到每日設定的目標就會收工回家。起初下班後總覺得無所事事，後來開設了粉絲專頁，我就會安排在下班時間經營專頁，或是利用線上課程學習外語、閱讀以及寫作。我可以很有效的安排時間來做事，讓生活變得更加充實。

我父親也是一位很會充分利用時間的運將，他從以前就非常喜愛閱讀跟進修，去年他也是一邊開著計程車，再利用下班後的閒暇時間準備英語導遊領隊執照，現在的他除了開計程車，還多了一項導遊的兼差工作可以賺取收入，這項執照也有利於他經營計程車的「包車旅遊」服務，因此他的固定乘客也就更多了。

「充實的日子是一天，無所事事也是一天，我們可以選擇要如何度過人生。」這句話是我以前的老闆說的，當然我們也可以選擇下班後完全的放鬆、滑手機、打遊戲追劇，但每個人的一天都是二十四小時，扣除平均睡眠時間，能利用的大概只有十六個小時。

這段時間內，你可以運動、閱讀、進修任何你想做的項目，又或是經營副業，透過這樣的點滴累積，每天都讓自己成長一些，經過一段時間過後再回頭看，會發現跟當初的自己相比，已有所不同了。

說起運將的一日生活，雖然看起來就是很純粹的接送乘客，讓他們抵達想去的目的地，所以無法選擇自己會到什麼地方，但在下班後，我們卻可以選擇要成為什麼樣的自己。

誰說女生不可以

在前文我有略微提到我曾經當過中古車買賣業務，那是我離開美髮業後的第一次轉職。

別人的轉職就好像打線上遊戲一般，法師轉職為術士之類的，我卻是直接由法師轉成弓箭手，許多前任同事聽到我轉行為業務都頗為驚訝。

至於我為什麼會轉行成中古車業務，也是有段小故事。當初我非常熱愛開車，而且也想買下屬於自己的一台車，我在網路上搜尋中古車時，發現了一個令我非常有好感的粉絲專頁「璽谷希巨的二手車庫」，光是看著他的粉絲專頁，就覺得他對待客戶非常真誠，網路世界雖然真真假假，但藉由他的文字我還是能感受到他對待客戶的認真，於是我就預約了賞車。

當我跟這位業務見面之後，我非常確信我沒有選擇錯誤，人家說買中古車看的並不是車，而是業務的服務及責任感，當天我就簽下屬於我的那台車。而在買車之後的約莫半年內，我就決定轉行了。

其實離開美髮業純粹就是職業倦怠，然而當年我才二十二歲，我覺得若我年紀再大一些，不知道還有沒有勇氣轉行。當時我轉行的第一個念頭，就是想跟我所熱愛的車相關，別看我是個女孩子，當時我看的電視節目跟YouTube頻道，內容都是在介紹車子，我對車的熱愛並不亞於男孩子，也因此我想到了跟我買賣的璽谷（璽谷希亘是他的本名，源於其原住民的身分），而他的綽號叫做「NO NO」。

而我的面試官也是NO哥，當下他也直接跟我表明：「妳在美髮業已經算是老師等級的了，轉行代表妳要重新成為一張白紙，任何事情都要重新學習，且一開始需要做很多雜事，妳可以嗎？」我沒有任何猶豫的回答NO哥：「可以的，我沒有問題。」於是，我開始了中古車業務的人生。

我們店內大概有三十多位業務，加上我只有兩位是女性，而另外一位女業務雖然很年輕，但已經是大學姐等級，剛開始我跟其他新人一樣，每天做著雜事，包括打掃、移車洗車、幫學長姐跑腿、飲水機換水（扛水桶）、開店閉店扛著鐵柱，甚至是遛白白散步（白白是我們的鎮店之狗）。他們並沒有因為我是女生而讓我享有特權，我覺得這樣很好，我不需要因為性別關係就對我有所不同，我也可以跟男生們做著一樣的事情，而且，我反而更自發，做得比他們更多。

沒多久後，我們的老闆盧志明（我們都稱呼他為老大）想要傳授他的獨門祕訣給新人，但這絕對不是無條件的讓我們上課，必須先通過他的考驗，通過後留下來的人才有資格上這些課。由於學長們已經歷過這個過程，當他們聽到老大又要開課的時候，他們的形容是「魔鬼煉獄」，就這樣，我也報名了。

還沒開課前，老大召集了全部的新人，如果我沒記錯，當時大概有七、八位新人，第一天的考驗就是跑步，要在店的外圍跑十圈，一圈大概是一般學校操場的兩倍大，大家都跑到汗流浹背，外加我本身的氣管並不是很好，跑到上氣不接下氣，但我為了上老大的課，還是硬著頭皮跑完了。

但這只是開始，當我們跑完十圈並返回集合後，老大說出了第二個考驗：「從明天開始，早上七點前到公司，因為你們需要比別人用更多的時間努力，只要遲到一天，當天開始就不用來上課了。」

第二天起，就已經有人遲到放棄了，但也有人怕遲到而睡在公司，到了第三天、第四天直到第七天，除了我以外全部的人都放棄了，一週後，變成只有我跟老大的一對一教學，我大概堅持了三個月，學長們說我破了紀錄。此外，每天下班後，我幾乎都自發性的加班到十點、十一點才回家，因為我自認不是天才，必須花比別人更多的時間才能和他們維持在同個水平，當然，上了老大的課程之後，我也是受益良多。

雖然後面因為一些經濟因素，導致我的中古車業務生涯只有短短的一年，但這一年我學到很多，請容許我在此偷偷告白，我非常感謝我的組長璽谷希亘（NO哥）、店長梁庭維（維哥），還有最偉大的老闆盧志明（老大）對我的照顧。

所以，誰說女生不能跟男生一樣呢？在我的認知裡，只有「想不想要」，而不是「可不可以」。

Chapter 2

那些特別的乘客

外籍移工的異地親情

當時我的工作時間還沒改成早班，
那個時候的我是從下午開始營業至火車站末班車的時段，
也讓我回想起某天在火車站排班時的一件事。

當時我排在了第一台車的位置，有一位外籍男性敲了我的車窗，

於是我搖下車窗詢問他：「是要搭車嗎？」

男子旁邊站了一位也是外籍的女子，並說著：「老闆娘，十一點半可以到高鐵嗎？」我眼看時間只剩下十五分鐘左右，桃園高鐵站不在桃園市區而是在青埔，最快也要二十分鐘以上的車程才有辦法抵達，所以我就回他：「來不及耶！」心想天啊，你們不會要我飆車吧？別鬧喔！

男子聽完我的回答後跟身旁的女子討論了一下，並且重新給了我一個在蘆竹區的地址。

「那老闆娘麻煩妳帶她去這裡，可以嗎？」男子說著。

「OK，可以。」呼，好險，沒有要我趕去高鐵，這趟結束後就下班吧！接著這名女子就開門獨自上車，我們準備前往目的地，該名男子就自行離開了，我感覺可能是因為她中文不太好，所以才請友人陪同。

在前往目的地的時候，女子打了通視訊電話，當然我聽不懂他們的對話內容，但越聽越不對勁，這名女子竟然開始哭泣，而且還越哭越大聲。

我隱隱約約聽見電話那頭有男性、稍微年長的女性以及小朋友的聲音，我心裡想著：「她是要搭高鐵回家看小孩嗎？」當然這只是我的猜測。

因為據我所知，就算他們在原本的國家是情侶或家人，但來到台灣也可能被分配到不同縣市工作，我猜想這名女子應該是在桃園工作，但家人在外地並且剛來台灣不久，趕不上搭車的時間無法回家，所以一直在哭。

桃園火車站前往蘆竹區的路程差不多需要二十分鐘，我就這樣一直聽著女子在哭泣。「天啊！我真的快受不了了！拜託妳別哭了好嗎？」我心裡這樣想著。

我聽著她的哭聲，實在是感到無限的煎熬，直到快抵達目的地時，我試著跟女子用中文溝通，我問她：「回家？小孩？」女子一臉疑惑的看著我，好吧！她是真的無法用中文溝通。

此時她的視訊電話還未掛斷，我再次嘗試用我的菜英文對她說：「Give me your phone?」她聽懂了！她把手機給我了！

因為此時我那可惡的同情心直接氾濫，我默默的在內心猶豫著要不要做一件事，我一定是瘋了才會想幹這種事。我對著電話那頭的男子說：「你聽得懂中文嗎？」男子回應我：「聽得懂。」好，非常好。於是我再次詢問：「你們住哪裡？她要回家看小孩是不是？」男子說對，他是這名女子的先生，他們在雲林。

「Oh my God，雲林！」我沉默了幾秒鐘再次對他說：「三千元，我帶她回家，要不要？」我原本是想把她送到新竹高鐵站之類的，但想想又不對，她的中文這麼差，等等迷路了怎麼辦？

男子一臉詫異的回應我：「真的？三千？」我說：「對！就是三千，回雲林。」男子連忙一直跟我道謝並跟女子說這件事，接著拍了他們家的門牌照給我。

收三千元我真是瘋了！這車資如果從桃園跳表出發，是連台中都到不了，算了，好人做到底啦！不然怎麼辦，一直哭一直哭，真的受不了，同樣身為一名母親的我，面對有關於「小孩」的事情，真的是完全沒有任何招架之力。

唉，這件事情絕對不能跟車隊的哥哥叔叔們說，等等又被他們唸，說我怎麼這麼笨之類（結果我把這件事寫出來了）。

到達雲林時，已經差不多是凌晨一點半，男子出來迎接他太太，然後不停的跟我鞠躬道謝。結束這趟雲林之旅後，我在附近的超商稍做休息準備回程並思考著，我這樣做有意義嗎？

嗯，答案是有的，我想如果是我在外地，一定也會非常思念自己的孩子，也許反應也會跟這名女乘客一樣吧？雖然車資不多，但也不是沒收錢，反正原本也差不多要下班了，就當是今天多賺的吧！而且我成功的幫助他們一家團聚，他們一家人現在應該很開心吧？這樣想著，我的心情瞬間好起來，原來助人為快樂之本是真的，是一種非常充實的感覺，我就這樣帶著滿足的心情回家了。

我遇見了癌症勇士

在我的印象中，那是正值暑假時的一個炎熱午後，毒辣又無情的太陽讓我就算在車內也感受到氣溫的炙熱。

夏天是駕駛營業車最痛苦的時期，因為營業車有限制隔熱紙的關係，我們不能像一般的自用小客車，把車的前後檔及車窗貼成深黑色來隔離紫外線，因此，司機必須戴墨鏡來保護眼睛，不然在長時間的照射下，會如同在海灘上一般，眼睛會曬傷甚至產生乾眼症等疾病。

看著路上人來人往，不是撐著陽傘就是戴著帽子，有些愛漂亮的女性還會直接穿上防曬外套或袖套來保護皮膚，千萬別以為在車內就不會曬黑，我有一陣子沒擦防曬乳，長時間握著方向盤的那隻手就被曬成了不同色階，從此我出門前一定會乖乖幫臉跟手擦防曬。

當天我一如往常在桃園火車站排班，並把車內的冷氣開到最強，眼看終於換到我排到了第一台車的位置，火車站出口正對著陽光，我在等待著一個能搭上我的車，並帶我脫離炎熱苦海的乘客。

當我看著一名年約六十歲的女士準備走向我，並有意想開啟我的車門搭車。「終於來啦！這麼熱我快受不了了……」我內心非常欣喜並對著APP喊著「頭班出車」。

這名女士一上車也是叫苦連天：「哦，我的天啊，今天怎麼可以這麼熱啊！」她喘著大氣，吹著冷氣像獲得解脫般。「對啊，今天真的超熱，車外溫度三十八度耶！」我回應她。

「唉唷，早知道就不要跟朋友約今天了，搭火車去吃飯怎麼這麼累啊。」該名女士感覺是很好的聊天對象，而且非常開朗，我本想繼續搭話，不料她在我開口前又說出了第二句話，真是急性子耶。

「我朋友他們啊，都說我不像一個生病的人，生病了還整天東跑西跑。」她說著。

「生病？不會啊，妳看起來很健康耶。」我回應著。

「是吧是吧！看不出來對不對，我是一個癌症病人耶，哈哈哈，而且我已經七十幾歲了！」我聽到這句話稍微沉默了一兩秒鐘，並且還偷瞄了一眼車內後視鏡，我才發現她包著頭巾且看不到任何頭髮，她走向我的車時，因為陽光過度耀眼所以我並沒有仔細觀察，但她的步伐的確不像一個生病的人，而且她的容貌真的不像她所說的年紀，就像我說的，看起來約莫六十歲而已。

「我說真的，姐妳真的完全看不出來是已經七十幾歲的病人……」其實我很猶豫要不要繼續聊這個話題，因為我怕冒犯到她。

「真的啦，我幹嘛騙妳，而且我覺得我把這輩子該做的事都做完了，也沒什麼遺憾了！」她的語調依然非常活潑。

「姐，那妳現在應該退休在休息了吧？」我問完時想說自己到底在問什麼廢話，常常被自己蠢暈。

「當然嘍，我現在有力氣就跟朋友敘舊聊天或出門玩，我從年輕時就做旅行社到退休，年輕時非常忙，因為是跟朋友一起合夥，如果帶團的人手不足，都是我親自去帶團。」

她接著又繼續說：「還有一次超誇張的，我帶團時人不舒服，但我還是去工作了，我趁團員在睡覺的時候去醫院打點滴，哈哈，我是不是很厲害？」

她的字字句句都不像在強顏歡笑，而是真的為自己的人生驕傲，因此，就算生病也沒有自怨自艾，而是勇敢面對人生所發生的一切，她在跟我聊天的過程中，講了許多年輕時打拚的辛酸，她也有過困難的時候，在最艱辛時事業差點停擺，但她不服輸，就算再累、生病，也要撐下去，皇天不負苦心人，她最後順利度過難關。

雖然最後罹患癌症，但她也選擇與癌細胞共生共存，並且快樂的度過往後的每一天，讓自己不枉此生。

經過了與這位姐姐的對談，我不禁想起自己的憂鬱症狀，身為癌症患者的她都如此勇敢，當時的我為什麼會有放棄自己的想法？我深知很多人都比我更辛苦，聽完她的故事，猶如遇見了人生導師，當下我只有一個想法，就是我要像她一樣，未來不管面對多少險境，都要試著讓自己從容面對。

車陣中的玉蘭花

只要你會開車或騎機車，一定在路上看過賣玉蘭花的人，
當我開始做職業駕駛後才發現，
很多賣玉蘭花的人都是出現在一個固定地點。

其實老實說，我從小就非常厭惡玉蘭花的香味，但我的阿公阿嬤每次開車出門，只要遇上這些賣玉蘭花的人，就一定會跟他們買幾串，接著再將一串玉蘭花掛在後照鏡的位置上，由於我從小就愛坐在

副駕駛座，那濃郁過頭的香味撲鼻而來，總是令我感到噁心反胃，討厭的程度絕對不亞於非吸菸者聞到二手菸味的感覺。

「阿公，可以不要買這個很臭的花嗎？我聞到會想吐啦！」小時候的我總是這樣說，但他們兩老也會反駁我：「這個叫玉蘭花，這些賣花的人還有那些遞傳單的人都很辛苦，夏天曬太陽、冬天吹冷風，知道嗎？」

「哦……好吧，那可以放在阿嬤包包裡就好嗎？不要掛上去。」

「好好好，我不掛。」至少這樣會減少一些我發生嘔吐的機率。

當然，當我成年會開車之後，就算看到這些賣玉蘭花的人，也一次都沒有買過，但看見發傳單的我還是會拿就是了，如果阿公阿嬤坐在車上，他們兩位老人家一定會照慣例的「強制」我搖下車窗買幾串，但我至今一聞到那個味道還是會感到不適。

自從我開始開計程車後，總是在停車等紅燈時東張西望，我們每天都可能經過同樣的路段好幾回，甚至十幾次以上，也因此我才發現有些賣玉蘭花的人，都是在相同地點跟相同時間出現在某個路口，有時候我一天會跟他們「碰面」無數次，職業不分貴賤，但如果利用人的同情心來欺騙並博取利益，我覺得非常不可取。

那一次是我偶然的發現，在某個路段的路口處，擺放了一張厚紙板看板，內容大概是寫著「阿伯腳有殘疾，需要幫助，每天在這裡賣玉蘭花」，我也看見了那位阿伯拄著拐杖，腳行動不便的在賣玉蘭花，看見阿伯的樣子，不免讓人升起憐憫之心，連我也不例外，於是我拿出二十元硬幣給了那位阿伯，但我並沒有拿那串花，因為我實在不喜歡那個味道。

後來某天，我又經過了幾次那個路段，竟然看到阿伯一樣拄著拐杖，但他的腳居然好了？這才發現原來阿伯是騙人的，自此之後我再也沒有跟這位阿伯買過花。

有一陣子我有一位固定的乘客，他每天都要在相同的時間去某個地點上班，時間是早上五點半，因為和乘客上班的路線相同，所以我也會在那個時間點看到一位賣玉蘭花的阿姨，她每天都出現在那裡，阿姨看起來年約七十歲，但不管極寒的天氣還是下大雨，她依然會準時「上工」。

看見阿姨幾天後，我每天都會跟她捧場，我一樣拿出二十元硬幣給她但從不拿花，當阿姨要拿花給我時，我都會向她說：「沒關係，阿姨，我不要花，我不喜歡這個味道。」我的乘客看到後也跟我說：「這個阿姨每天都會在這裡賣花，而且都從這個時間賣到下午，應該有十幾年嘍！」

之後有一天，當我也同樣拿出硬幣給阿姨時，這次阿姨難得開口跟我說話了：「妹妹妳拿一串吧，妳每天這樣我會拍謝啦！」於是我回應阿姨：「阿姨，真的沒關係啦，因為我不喜歡這個味道，妳這麼辛苦，錢妳就收下吧！」

阿姨聽我這樣說才釋懷：「賀啦！都蝦哩啊，妹妹。」

其實我真的很佩服阿姨每天堅持出門的精神，我覺得她非常辛苦，也許我也是受到阿公阿嬤的影響，因為他們從小就時常對我說：「要在有能力的時候幫助別人，我們花小錢買一串花或是拿幾張傳單，都可以讓他們早點下班。」所以就算依我的能力，不是能捐款幾十萬幾百萬的人，但也會在能力範圍內，盡可能的幫助別人，例如買花、拿傳單或是捐獻物資給孤兒院，這些都是我能做的。

雖然對有些人來說這只是微不足道的小事，但只要發自內心做這些事，一群人的微小力量也能帶給社會不一樣的改變，願我們都能從小事做起，幫助別人，讓這個社會更美好。

那些長輩乘客們

其實最讓我頭疼的乘客莫過於年長者了，
雖然我從小跟著阿公阿嬤一起長大，
但因為阿公阿嬤也會說國語的關係，
所以我的台語應該算是只有幼稚園的程度吧！

我的台語準確來說是小時候跟著阿公阿嬤一起看八點檔戲劇時學的，有時候遇到非常年長只會說台語的長輩時，真的讓我很頭痛，而

且他們大部分習慣用「報路」的方式來指導我該開哪條路，其實只要給我一個正確的地址，能讓我輸入Google地圖導航，會方便許多。

有些路名本身用國語發音就已經很接近，例如桃園區有福山街，但在不遠處的龜山區有湖山街，這兩個地方就是完全的反方向。某一次我還載到一位阿姨，雖然她是用國語跟我報地址，但她的國語發音實在是令我傻眼，她那帶點「台灣國語」的發音讓我開錯了路。

那次她也是在火車站上車，「偶要到幸湖路」她一上車就跟我這麼說，接著我問她：「幸福路嗎？」她接著說：「對對對。」於是我就往幸福路的方向開，如果是往幸福路，路程大概接近二十分鐘左右。

我已經開了將近十分鐘她才跟我說：「怎麼看起來路不一樣？而

且這麼久。」我說：「阿姨，妳不是要到幸福路嗎？往這條路直直開沒錯呀！」

然後她才用標準的國語再說一次路名：「縣府路，是縣府路，我發音有這麼不清楚嗎？我想說平常不是沒多久就到了。」當下她很生氣的這樣跟我說，此時我真的是好氣又好笑，我心裡想著：「阿姨呀，妳的發音是真的很不清楚……」但我當然沒說出口，因為此時她在跟我爭議車資的計算。

我想想也就算了，告知她：「沒事啦，阿姨，我等等直接給妳扣掉就好了。」因為縣府路我們也很常去，開到那裡的車資大概是一百二十元，所以我也只跟阿姨收一百二十元，雖然我的表都已經跳到一百八十元了，但我不想為了幾十元跟她爭論下去，只好用這招讓阿姨不再跟我爭辯。

國語的發音就已經如此，更不用說台語了。

另一位阿伯則是上車時用台語跟我說路名「近五該」（台語），我就想著「正五街？鎮五街？」桃園沒有這段路啊，哇哩勒……。我就問阿伯：「阿伯，是什麼路啊？我聽不懂。」接著阿伯也是用台灣國語的發音再跟我報一次：「鎮撫街啊！春麗漏蝦啦！」（春日路那啦），哦哦哦，原來是鎮撫街，好的沒問題，這路很熟悉，所以我便往這條路開去。也因此，後來只要遇到用台語跟我對談的乘客，我心裡都會驚驚。

但也是有很可愛的長輩乘客，他是一位年紀約莫八十歲的爺爺，是我們火車站的「常客」，基本上跑晚班的司機們應該都有載過他，我們都稱他為「茶專路伯伯」。他搭車的時間點大概都是晚上七點多至八點左右，他講話是帶點外省腔的國語發音，一上車就會字正腔圓並且慢慢的，真的是慢～慢～的報著地址「小～姐～，我要到～茶專路～謝謝妳唷～」等他報完路名，我們都已經出站開到下一個紅綠燈口了（笑）。

雖然載過他的都知道，他其實目的地是茶專路裡的某條街，但載到他大可不必擔心，因為他報完地址後就會啟動夢周公模式，而且你可以聽見他微微的打呼聲，由於大約十五分鐘可以抵達茶專路，當車子轉進茶專路時，他一定會自動的「準時」清醒，然後接著跟你報路，不知道為什麼，他總是能準確的在轉進路口後醒來，屢試不爽，真的每次都很固定，就連我這個菜鳥都載過他至少五次以上，他為人很有禮貌且可愛，所以我們都很喜歡載到這位茶專路伯伯。

雖然有時候長輩乘客令我有點頭痛，但也是有很多客氣的爺爺奶奶，他們看到我這個「小姑娘」開計程車，還會多給我一些小費，再加上許多長輩其實很好聊，通常都會跟我聊他們的子女、人生經歷等，雖然我不知道我的破台語他們能否聽懂就是了，哈哈！

但我也發現開計程車之後，我的台語好像有微微的進步，但就真的只是微微的，還是請各位不要嘗試用台語跟我對話，我怕你會笑到肚子痛。

她的眼淚

計程車除了叫車系統及排班站以外，還有一項資源能讓我們載到乘客，那就是所謂的「路招」，也就是乘客在路邊攔計程車搭乘。

由於現在大部分台灣乘客都已經習慣用手機叫車，因此路招乘客的比例反而是外籍移工較多一些。

那天我遇到的路招，已經是我準備收工下班的時刻，差不多是晚上十一點多，我記得那天我還跟朋友約了飯局，正要下班前往跟朋友約定的餐廳。在前往餐廳的路上，看到一名女子對著我招手示意要搭車，我本想著就別停下來了，畢竟我朋友已經到達餐廳，但我緊接著又看到一名男子出現，且對著女子動手動腳，直接在路邊上演拉扯的戲碼，我害怕女子遭到男子的攻擊，便停下車，示意讓女子上車。

當女子搭上了我的車時，那名男子還不罷休，一直要將女子拽下車，在掙扎了兩三分鐘後，男子便放棄並向著女子丟了一些行李再大力的關上車門。

我想大家看到這裡可能會想，我為什麼不勸阻這名男子？因為女子一上車後我便發現他們是外籍移工，由於語言根本就不通，就算我想勸阻也阻止不了，只能看著他們爭吵，所幸這名男子沒有做出任何傷害女子的行為，也肯罷手讓她離去。

接著這名外籍女乘客用手機給我看了一個門牌號碼，地點是在新莊，這趟來回沒有一小時也得四十幾分鐘以上，於是我只好打電話告知友人，在路上發生了這件事情，請他們先吃飯別等我了，等我回到桃園再看時間，過去跟他們聚一下。友人也很認同我的做法，畢竟我若沒停下車載這名女乘客，不知道那名男子還會對她做出什麼事情。

從他們的互動中能看得出兩人是一對情侶，外籍移工的另一半在外縣市對他們來說是很常見的事情，他們通常會利用休假時，其中一方搭乘火車等大眾運輸到外縣市來約會，雖然我並不知道他們為了何事而爭吵，但我只知道這名女子還滿難過的，因為她上車後沒多久便開始啜泣，連高速公路上的風聲都無法掩蓋住她的哭聲，而我想安慰她也沒辦法，畢竟語言不通，我實在沒轍。

聽著她的哭聲，想著她也是真的傻，不過就是一個男生而已，何必這麼委屈自己？但想著又覺得好像從前的我，應該很多女生都有經歷過一個時期，眼裡只有愛情，就像現在俗稱的「戀愛腦」，一跟男友爭吵就難過得不能自已，好像天崩地裂般，撕心裂肺的大哭。

一旦發生事情，總是要約朋友們大肆喝酒玩樂，並在朋友的安慰下痛哭一場，但我也不知道是因為到了一個年紀，還是經歷太多，自從離婚且兩個孩子被迫離開我身邊後，那才是我最心痛之事。跟另一半吵架或分手對現在的我來說不痛不癢，但至少我能在很短的時間內讓自己恢復到跟平常一樣，如同往常般工作，而且絕對不會發生把自己鎖在房內或是不吃不喝等情況。

「正常的生活且不讓身邊的人擔心，做著自己該做的事情，隨著時間總會沖淡一切，沒有什麼事情是過不去的，也絕對不會因為離開誰，這個世界就會崩塌。」我就這樣想著想著，也快開到了目的地，我看著車內還有些平常放在車上備用的零食及飲料，這是防止我因為忙碌忘記吃飯而貧血所準備的，雖然我跟這名女子語言不通，但或許這個小舉動可以帶給她一些安慰吧？於是我拿了幾份零食跟一瓶飲料遞給她，而她應該也明白我是想安撫她的情緒，所以也對我說了聲「謝謝妳」，終於她也不再哭泣了。

最後，我當然安全的把她送到目的地，透過這名女乘客的故事，我也希望女生們在面對感情事時能更堅強，因為我經歷過，所以能體悟到只有自身變堅強，才不會被別人傷害，千萬別為了另一半而去內耗自己的情緒，因為這並不值得，妳並不需要委屈自己，生活中還有更多美好的事情值得去探索，只有當妳變得更好，才會因此遇到更好的人。

期許所有的讀者，不論是男性或女性，都能遇到「對的人」。

當內向人遇上外向人

當一個十分內向的人碰上天生外向的人，會擦出怎麼樣的火花？

不瞞各位，雖然我在粉絲頁上看似活潑搞怪、幽默風趣（自己講好意思嗎），但其實我是天生的內向者，屬於非常慢熱型，但只要跟

我熟悉後就會發現，我這個人很像神經病，但前提是你要跟我夠熟，我才會展現出這一面。

有搭過我的車的乘客應該都知道，若他們不開口跟我說話，我除了基本的問候，在到達目的地前絕對不會先開口說話，屬於那種敵不動我不動的類型，如果你也是內向者或是搭車喜歡安靜的人，那基本上我們應該會是零互動，但我的內向跟十多年前相比，其實已經改善很多了。當時還在做美髮業的我，內向程度是連跟同事們都幾乎沒有交談，但身處在服務業的我，這樣怎麼行？於是有一段時日，我會對著鏡子練習說話，假裝在跟顧客溝通，如此才敢開口跟陌生人說話。

自從開始開計程車後，發現這個行業簡直就是我的福音，基本上若乘客不跟我交談，我就可以安安靜靜的開車，反正只要把乘客安全送達就行。在我開設粉絲頁後，也認識三位跟我一樣有開設粉專的前輩，分別是「王國春——我只是個計程車司機」、「跳表逼逼」以及「鍾文龍——小黃司機微大叔」。

我們有過一次咖啡廳的小聚會，國春哥因為有在演講的關係，他講起話來非常有條理且成熟，寶哥（跳表逼逼）就是比較斯文慢熱型的，而文龍哥完全就是一個天生的外向者，在任何地方都可以聽見他的笑聲，我相信他在載客時一定常常跟乘客聊得很起勁。

但當我遇上天生外向型的乘客會發生什麼事呢？當遇上頻率不同的乘客，就算對方很愛聊天，我也很難跟對方閒聊，只能開啟「句點」模式，這樣他就很難繼續跟我尬聊下去，但有時也會遇到讓我開啟話匣子的乘客。某次遇到的三位大哥則讓我印象深刻。

那時我原本在排班站跟同事們聊天，看見旁邊有三位大哥正在抽菸，因為在排班站待久了，我心裡就猜想，等等他們抽完菸應該會坐車，原本排在第四台的我，在他們三位抽完菸後，剛好換到我排到第一班，果不其然，三位大哥就搭上了我的車，起初我還稍微有些反感，因為載到三個人以上代表其中一位一定會坐在副駕駛座，我的副駕駛座在平常時都會移到最前面，一來後座空間會變大，二來是乘客看見前座空間小就會往後座的方向開門。因為如果有人坐在我旁邊又是異性時，不只是我，連前座的乘客都會感到莫名的尷尬。

但三個人就沒辦法了，我只好把前座的位子往後移，讓其中一位大哥上車，一上車其中一位大哥就開始他的開槓模式：「齁，妹妹我跟妳說，他們這兩個人很壞心啦！就在等妳排到第一台。」

另一位又接著說：「聽哩咧黑白共，妹妹妳不要理他，妳開快一點，我再多給妳錢嘿！」接著三人一起哈哈大笑，完全沒有要讓我開口，但我也是默默的說了一句：「大哥，你們也還沒跟我說要去哪裡餒……」

此時的我都已經開出站了，他們完全忘記要報地址給我。「啊對啦對啦！要去中正路和平路口啦！偶跟妳說鵰，就走博愛路接中正路就好了。」這路程其實約五分鐘而已，但他們一搭一唱得非常歡樂，於是我的心情也放鬆許多。

「妹仔我跟妳說鵰，妳是不是萬壽的？我跟萬壽啊、星光什麼的都很熟啦，很常坐車！」前座的大哥說。

於是我也回應他：「這樣你不認識我哦！我是萬壽一枝花耶！」這句話又戳中他們笑點，但我也沒胡說，這是同事幫我取的綽號，雖然真的是「俗夠有力」。

「齁～啊捏唷！這樣我們很榮幸捏！妳名字後面這個字怎麼唸蛤？」大哥詢問。「就跟靖一樣的發音啊！誰叫你不讀書啦，沒文化的傢伙。」此時另外一位大哥回嗆了他朋友一句。「嘿啦！跟靖一樣。」我回。

他們三人就這樣互相鬥來鬥去，我也是邊聽邊笑。

「坐到那邊好像差不多一百塊齁，來啦萬壽一枝花，我給妳一百五，趕快說謝謝哥哥。」大哥你這自信到底哪裡來的呀！我為了逗他們，回應了一句「謝謝叔叔」，果不其然他們三人笑到翻掉。

雖然路程才五分鐘，時間咻一下就過了，但如果遇到頻率對得上的乘客，真的會讓車內的氣氛變得滿歡樂的，偶爾遇上這種乘客其實還挺不錯，最後還是要感謝「叔叔」給的五十元小費唷！

為了見最後一面

我深刻的記得那個夜晚，心中彷彿有塊大石重壓在我身上，讓我翻來覆去，失眠了好幾個小時……。

我的阿嬤患有遺傳性糖尿病，自從年過七十五歲之後，身體便每況愈下，你好像可以看見一個人瞬間蒼老了十幾歲的感覺，她的糖尿病也引發了不少的併發症狀，例如心律不整、肺積水等等。一次一次的回診，又一次一次的進行手術，光是心臟支架手術印象中就開了

兩次，住進醫院病房的次數更是數不清有多少次，那幾年她過得很煎熬，也很不舒服。

當時正逢新冠疫情，我遠在對岸工作的兩位舅舅無法回來探視他們的母親，我們在微信上開了個家族群組，只要阿嬤有任何的狀況，我們就只能隔著手機回報給他們，小至回診，大至手術，一切的情況都只能用通訊軟體來讓他們了解現在的情況，就連告別式都只能用視訊的方式讓他們見母親的最後一面，直到現在仍是舅舅們的遺憾。

我還記得那個夜晚，當時我人在中壢的租屋處，大概晚上十點我準備就寢，但那夜我就是睡不著，胸口悶悶的，好像有什麼事會發生的那種不祥感覺，那種窒息感幾乎讓我快喘不過氣，翻了幾個鐘頭我好不容易才稍微睡著，突然一通電話鈴聲叫醒了我。一般來說我睡覺時，手機都會開啟勿擾模式，因為我十分淺眠，稍微有點動靜就會醒過來，但那陣子阿嬤正在加護病房，為了以防萬一有急事，那段時間睡覺我依然把聲音開著。果不其然那天凌晨四點多來了電話，是妹妹打來的。

「姊，妳快出門，阿嬤現在在急救。」聽到這句話我馬上跳起來，隨便套件簡單的衣物，拿著車鑰匙就衝出了家門，我的車停在外面的月租停車場，平常需要走十分鐘的路取車，那天只花不到五分鐘就抵達停車場，並且馬上發動我的車。深夜凌晨的路上並沒有什麼車輛，我也不管什麼測速照相機了，沿路就是往桃園趕著，整個過程花不到三十分鐘，但我卻依然沒趕上……。

我愣在原地數秒後，便在加護病房中大哭起來。

「為什麼妳不等我？我已經這麼快抵達了……，但可能妳也有聽到自己即將要進行插管手術吧？妳不想這麼難受對嗎？我知道妳這幾年辛苦了，也許這樣會輕鬆一點吧？」

我不知道有沒有另一個世界的存在，但如果有，我希望阿嬤在那個世界是無病無痛並快樂生活。

三年後，一名女孩喚起了我的這段記憶。

那名女孩出了火車站便快馬加鞭奔向我的車，一上車便喘著氣對我說：「我要去敏盛醫院，謝謝。」於是我便往醫院的方向開，平常去敏盛醫院的人很多，通常應該都是回診或探病的居多，一般來說乘客若沒說出「請稍微幫我趕一下路」，司機們通常都是走大條馬路順順的開，再加上這名女孩也沒有說出這句話。

在路途中，女孩接了通電話，她說著：「我剛下火車，現在在計程車上，他們說爸爸在急救，我快到了。」聽見這句話，彷彿讓我想起那年的我，我知道她心中焦急如焚，雖然她並未要求我幫她趕路，但我聽見後沒有詢問她任何一句話，直接轉進了平常會開的小路，並且幫她加快一點速度。這條小路可以省下將近五分鐘的時間，我只希望能快一點是一點。

一抵達敏盛醫院門口，也許她也有感受到我是因為她的那句話而開快車，下車時對我說了一句「謝謝姐姐」，便往醫院大門衝進去。

在她下車後，我便往火車站的方向開，沿路上我所想的都是當年的這段記憶，我邊開著車邊忍著快流下來的淚水，我很努力的讓自己穩定情緒，但我在途中終究還是崩潰了，於是我把車停在路邊，讓忍不住的淚水直接落下，隨後我在車內大哭，哭了將近十分鐘後情緒才緩和，並擦乾眼淚返回火車站繼續排班。

也許我們僅有這一面之緣，但因為有著相同的經歷，而我能為妳做的只有這樣了，希望妳的父親一切安好，且這不會是妳與父親的最後一面，不會成為妳人生中的遺憾。

為母則強

我在將近兩年的時間裡，載過的乘客應該至少有上萬位了，但我載到同行的機率真是少之又少（又或許是他們沒表明）。

據我的印象中，除了自己熟識的司機以外，我載過的同行次數，用手指頭都數得清，但唯有一位讓我印象比較深刻，因為「她」跟我一樣，是一位女性駕駛。

我寫這本書到現在，發現很多故事都是來自於火車站的乘客，當然這位女士也不例外，照慣例是從火車站下車出來搭乘計程車。上車的一共有三位女性，分別是老中青三代，其中比較年長的那位女士坐在我的副駕駛座。

一上車我當然沒有其他想法，就是把這三位當成普通的乘客，直到副駕駛座的那位女士開口說話：「最近生意應該有比較好一點了吧？」

我第一時間內心的反應是「哦……又是這個問題」，因為疫情過後很多乘客第一句開口詢問的，通常都是這個話題，但其實我在疫情期間還沒入行，但也聽過不少司機提起當時的生意有多差，差到簡直快無法生活。

「有哦，現在有比較好了。」我禮貌且客套的回應著乘客提出的問題。

「現在的女性司機還是很少呢！其實我以前也是開計程車的，但是我已經退休了。」她這句話一說出口，我忍不住睜大眼睛看了她一眼。「真的嗎？女司機我也好少遇見。」我想這位女士成功啟動我的聊天機制了，哈哈！

「對啊，我以前是在花蓮那邊開車，那邊的計程車沒有像台北桃園這麼多呢！我開了三十年才退休，所以妳是排班計程車嘍？」她詢問著。「對，我都在火車站這裡排班，加上我，女生也只有三、四位而已，其他都是男司機。」我回應著。

接著，她跟我分享了許多她從前開計程車的故事，其實我很喜歡聽以前老一輩的司機講當年的開車故事，而且我覺得他們特別厲害的一點就是，那個年代沒有手機叫車跟導航系統，他們簡直堪稱「行走的Google Map」。他們說著從前時，讓我感覺彷彿回到那個年代一般，雖然沒辦法親眼所見，但聽著都覺得很有趣。

「你們現在方便多了，有手機就可以導航，我還記得當初考這個登記證時，考了三次呢！哈哈！而且剛開始時路都不熟悉，很常被乘客罵。」的確，但就算現在有導航，其實很多乘客還是喜歡照自己的路線走，雖然桃園的路我大致上也都清楚，但遇到乘客指定路線時，有時候腦袋還是會稍微當機一下。

你們可以試著聯想一下，從A點到B點的路線，哪條路有接上另一條道路，又或是從哪邊走最不塞車，或是最近的路線是哪一條，這些都是需要一定的經驗累積。有時候只是沒有照乘客心中的「小路」開，就會被質疑是繞路，這種事在我們這一行真的層出不窮。

跟這位女士聊著聊著才知道，他們全家這幾年才搬來桃園，她也表示很懷念在路上開車的日子，也遇過很多有趣的事情，她看著我的執業登記證，滿眼都是感嘆的神情，她說當初會選擇開計程車是因為丈夫離世，自己變成單親媽媽，但要養家又要顧小孩真的很困難，畢竟如果去公司上班就沒有人可以照顧孩子，也沒有公司會願意讓員工帶著孩子上班。

於是她嘗試開計程車，讓孩子坐在副駕駛座，一邊載著乘客一邊顧著女兒，直到女兒上學，開計程車開著開著也習慣了，於是就這樣開了三十年，她靠著一台小黃成功撫養孩子長大，也累積了屬於自己的積蓄。

聽她述說著自己的經歷，能感受到她從前的辛苦，「為母則強」這句話完全可以用來形容這位女士。她用從前的甘苦換來了甜美的果實，孩子健康長大，如今當了阿嬤，也能愜意的享受生活。我佩服她當年的勇氣，那個年代的女司機和現在相比，一定更加稀少，但她為了家庭，仍選擇踏入這個以男性為主的行業，卻也成功為自己創造了另一條道路。

遇到困難時不妨轉念，人生雖不容易，但一定還有另一條路等著你去探索。

您好，我是今日的代駕司機

當你看到代駕兩個字時，是否會聯想到酒後代駕呢？我其實從業到現在，幫乘客代駕的次數並不多。

大部分的代駕確實是因為乘客有臨時酒局，才需要他們的協助，也因此早班的我很少會有機會碰到，我不知道其他司機們是否喜歡接

代駕，但我個人的確是比較不喜歡，其一是因為以酒客居多，其二就是車不是自己的，若真的不慎發生意外，這個責任很難歸咎。

但某次我的粉絲專頁出現一則訊息：「請問妳有接代駕嗎？〇月〇日中午左右。」當時我心裡想著，為什麼這個時間需要代駕？既然有車怎麼不自己開呢？還要特地花錢請司機。但我還是回覆了消息：「有的，這個時間可以。」

於是，我跟這位乘客留了聯絡資料，乘客透過 Line 傳了張他的車照給我並詢問：「我這台車有點大，妳可以開嗎？」我一看照片，是類似於BMW7系列的那種加長型房車，雖然我心裡想著：「太小看我了吧，Toyota Alphard 我都能開呢！這人也太看不起我了吧……」當然，我沒這個膽這樣回應他，帶著客氣又委婉的語氣回應他：「可以的，沒問題！」（我就是俗辣啦），於是我就跟乘客約好了時間，去台北市跟他換車幫他代駕。

由於乘客當時並未跟我說明他為何要代駕，而我也沒多詢問，在驅車前往台北的路上我一直想著，這位乘客到底是怎樣的一個人？我是帶著這種好奇心前往的。

終於到了約定地點，我也終於見到乘客本人，是一位中年且穿著略帶休閒的正裝男子，隨即乘客就搭上我的車，前往他公司的停車場換車，我也終於見到那台車。一坐上那台車就感到滿滿的科技感，品牌是Lexus，具體型號我已經忘記了，但竟然先進到連電子手剎車都沒有，排檔進到P檔位即是完成停車的動作。

由於不是自己的車，剛開始都要稍微熟悉油門跟剎車的調性，此時乘客對我說：「放心開吧！這是公司租賃車，有保全險的啦，哈哈！」但我還是依舊堅持以安全舒適為主，不得不說這台車真好開，而且隔音真好，音響的音質也非常優異。

此次行程的目的地有兩個地方，先前往台北的某個路段，之後再前往宜蘭。我詢問乘客怎麼會請代駕，對方直接回應：「啊，因為公司的司機今天都休息，然後我很懶得開車。」看來應該是公司主管。

在前往宜蘭的路上，因為路程稍微遠了些，於是便開始閒聊。

他說自己有兩個兒子，大兒子年紀跟我相仿，小兒子則是剛畢業沒多久，當他講起自己的家庭時，臉上滿滿的幸福感，還對我說，不知道為什麼小兒子對「拉麵」特別有興趣，找了間拉麵店工作，且只要一休假就會前往其他店家品嘗各種拉麵，就連去日本遊玩也要拖著他們到處吃拉麵，但身為老爸的他並不限制他的孩子，這點倒是跟我阿嬤有點相像。

當初我從事美髮業時，阿嬤不僅沒反對，還對當時半工半讀的我說：「如果這樣兩邊跑很累，妳也做了兩三年了，現在放棄以後還要從頭來過，還是我帶妳去辦休學好了，反正以後妳想讀書還是可以去讀。」當時的我頗為驚訝，照理來說普通的家長不是都會希望孩子完成學業嗎？只能說阿嬤真是滿跟得上時代的。

所以我覺得他的小兒子心中應該是非常開心的，畢竟自己想做的事情若有家人支持，在執行中會更有動力。我還對著乘客開玩笑說：

「搞不好你小兒子會變成台灣第二位江振誠呢！拉麵界的江振誠。」當我說完乘客也哈哈大笑：「欸，搞不好哦，哈哈哈！」

一路上我們暢談甚歡，終於到了宜蘭。他此行是要去美食街做「場勘」，評估這個地點是否適合他們公司入駐營業，他也教了我許多，比如說一定要挑平日來，看看人流量、各店家裡面的用餐顧客數量，接著拍一些照片回去進行評估。由於正逢中餐時間，我們也一起吃了頓午餐再啟程。

都來到宜蘭了，他說家人愛吃奶凍捲跟牛舌餅，於是便買了些回去，乘客也自掏腰包讓我帶一些回家，讓我真是有點不好意思。隨後我回到桃園，乘客還傳訊息來致謝：「搭妳開的車很舒適，很有安全感，謝謝妳，今天辛苦了，食物保存期限只有兩天，要記得吃！」

這次的代駕體驗讓我印象深刻，乘客除了事業成功，也感覺他時刻都想著家人，而且對自己的孩子「管教卻不過度約束」，是能成為好榜樣的父親，真想對他說一句：「不知道您還缺女兒嗎？哈哈！」

啃老族

叫車系統響起：「復興路〇〇號到南崁山腳，乘客備註『來回搭乘，在車上需要充電跟連接 Wi-Fi』。」按下承接任務的那刻起，我沒想到有人即將顛覆我的三觀。

當時我記得正在車站排班，那天的生意不是很好，看著排班的車輛排得落落長（台語），在車上閒來無事的我滑著手機，等待著隊伍前進。

此時，我車上的另外一支手機響起了派單任務，上車地點距離我不到一公里，不用五分鐘的時間就能抵達，而且仔細一看乘客的備註跟目的地，心裡真是歡喜，是長趟啊！而且還搭乘來回，這趟車資非常可以啊！於是我按下承接，選擇三分鐘抵達，並對著老天祈禱「拜託選我選我吧！」老天有眼，這位乘客選擇了我的車，太好了！

於是我馬上駛離排班區，前往上車地點。抵達上車地點後，我按下了「我已經抵達」的按鍵，眼看著一位年輕小伙子，身上紋著龍鳳，年紀貌似跟我差不多大，大搖大擺走向我的車，看來就是這位貴客了。他一上車那濃厚的檳榔味便撲鼻而來，讓我馬上開啟了車上的車外循環，這麼遠的距離，看來有得我受了。

「剛才看妳距離我最近，所以我就選妳了，感覺妳年紀跟我差不多耶！」好險這人應該不難相處。「是哦！我不知道你們看得到距離耶。」因為我並沒有下載乘客端的ＡＰＰ，所以不知道他們叫車時的系統頁面長什麼樣子。

「對啊看得到，啊等一下到南崁時，妳可能要稍等我一下子哦，可以嗎？啊對了，跟妳借一下充電線，還有我要連接一下網路，謝謝。」我看著他拿出一支應該是 iPhone 7 型號的舊手機，而且還殘破不堪，連手機都沒網路嗎？雖然不可以貌取人，但我心裡想的是，他等一下能給我車資嗎？

「ＯＫ啊，沒問題，充電線在這，Wi-Fi 密碼是○○○○○。」

於是我們便啟程了。

沿路上聊著，才知道他要去的目的地是他的老家，那裡住著爺爺奶奶以及他的兩個孩子。他是個嘴巴根本停不下來的人，嘴裡嚼著檳榔，一直說著自己的故事，完全不像對著一個初識的陌生人講話，好像我們兩個認識很久一樣。

緊接著他說自己其實沒有工作，之前靠賭博贏了幾百萬後來又輸光了，享受到那種快速就能有金流入帳的他，現在要他去做普通工作，已經沒辦法接受了。抵達後他請我稍等他一下，他要去找他爺爺，一開始我並未想太多，但地點有點偏僻，此人看來又不太穩妥，所以為了安全起見，我傳了我的地標給同事，以防我變成失蹤人口。

等待了將近二十分鐘，我的跳表機也以「八十秒五塊錢一跳」這樣等待著，實在太疲乏了，我便下車走動走動，接著我就看見他在跟爺爺爭論著，竟然是在爭論這次回來要跟爺爺討多少錢。

「我要兩萬啦！不然不夠啦！」他對著爺爺說。

「兩萬沒有啦！整天回來就是拿錢。」爺爺很氣憤的喊著。

「不然一萬五，一萬啦！一萬。」此時爺爺妥協了，看他從口袋拿出錢交給這個小伙子。

看著這裡的環境，這位爺爺應該是位老地主，雖然這只是乘客的家務事我也不好說什麼，但心裡感到非常衝擊，都已經這麼大了還要整天回家討錢，不知道該說是被爺爺寵壞了嗎？令我沒想到的是，隔天他竟然又預約我的車。

「什麼？昨天才回去拿錢，今天又要回去？」果不其然，他的確是又要回去拿錢，第二次等待的時間更久了，因為爺爺也在躲著他，騎著機車不知跑到何處，電話也不接，一等就是一小時。

接著他好像已經習慣了我載他，一天兩天的就會回老家一趟，而我等待的時間也越來越長，感到非常疲勞，最後我受不了他的折磨，把他從叫車系統內封鎖了。

雖然常在新聞上看到啃老族要不到錢時，會鬧事或殘害自己親人的例子，卻沒想到我也會遇到這種人，雖然不明白他們家庭的經歷，但看著爺爺年紀這麼大還要幫他顧孩子，心裡感覺心酸卻也無可奈何，但孫子畢竟已經變成這樣，只能期許乘客某天能想通吧！

Chapter 3

我的每一天
都像在開盲盒

阿姨，我不想努力了

近年來這句「阿姨，我不想努力了」，成為一種想過著躺平人生，並靠著另一半金援度日的形容句，白話來講，就是俗稱的「包養」。

當我把這件事情跟同行的司機聊天分享時，才發現原來不是只有

女性司機會遇到這種「機會」，當然我面對的不是阿姨，而是叔叔級別的。

某次叫車ＡＰＰ響起任務通知，這個系統並不像一般的派遣任務，是由眾多司機選擇是否要應徵這個任務，再由乘客去選擇司機。當時是早上五點半左右，這個時間火車站的出車流動率還沒有到很快，所以一般有任務響起時，附近的司機們就會開始「搶」任務了。

尤其這趟的里程還不近呢！在不塞車的時間點又是遠趟，任務一響起就有十來位左右的司機們應徵此任務。

「啊！我中了！」欣喜若狂的我馬上撤離排班站，直奔乘客的上車點，這趟估計有六至七百元呢！而且這時間點還不塞車，爭取速戰速決。當我抵達乘客的上車點後，便按下「我已經抵達」的按鈕，出現的乘客戴著口罩，加上當時天色還未全亮，稍微看了一眼是名中年男子，路途中我們完全零交流，殊不知這只是開始。

從那天起，只要該乘客叫車而我正在線上，中選的司機都是我，而且幾乎每天都叫車，等於我在那段期間的營收額都是保底七百元。載了這位乘客幾次之後，慢慢的有些對話交流，比方說：「妳都很早出門上班啊？」「妳下午跑到幾點？我下班也都要坐車。」或是一些彼此工作內容的閒聊，但他的下班時間我早已下班，所以我就負責他的上班趟，之後這位大哥也都是直接用系統的預約方式叫車。

約莫過了一週之後，當天照往常，我的跳表金額顯示七百一十元，大哥每次都是拿千鈔給我找錢，那天當我要找錢給大哥時，大哥突然一句：「妳吃早餐了嗎？」我慣性的早上出門就只有一杯咖啡，所以我直接回應：「還沒耶！」結果大哥竟然直接說：「那不用找，給妳拿去吃早餐。」我當下錯愕的回應：「這太多了吧？」大哥直說沒關係，於是我就收下了這意外的小費。

隔天開始，大哥就完全不讓我找錢給他了，我每天出門的營收就直接從千元開始。

此時的我尚未意識到事情的不對勁，因為在談話過程中，我得知自己與大哥的女兒年紀相仿，應該說是只相差一歲，等於是同齡人，也許大哥只是以關照女兒的角度，覺得我每天早起辛苦，所以給我一些犒賞。

後來過了一個月，接近過年期間，大哥詢問我若除夕前搭車下中部，價格是多少，他覺得跳表的聲音很吵雜，請我直接開個價，當時我想著平常大哥這麼照顧我，因此報給他的金額是比行情價再稍微低一些，結果當天大哥以紅包袋將車資裝在裡面，由於現場打開紅包不太禮貌，於是我等他下車後，行駛一小段路才停在路邊將車資拿出。

「竟然比我報的金額還多了兩張藍色千鈔！」回程抵達後，我立刻傳訊息給大哥並道謝。

後續我收到大哥的回訊，他說有事想跟我電話討論，所以我就回撥電話給他，這通電話掛斷後，當下我的腦袋一片空白，後來我馬上傳訊給同事，確認這位大哥所說的意思是否跟我內心所想的一樣。

電話內容是這樣的：「妹妹，近期這樣搭車我是覺得妳人不錯，很投緣，但其實我也並不是每天都需要搭車，我現在是每天給妳一千嘛！不然這樣子，以後我固定月底給妳三萬元，那可能偶爾來載我就可以了，也許一個月就是幾趟而已，就是想多個女兒，妳不用馬上回覆我，妳思考一下再給我答案。」

此時你們想的應該跟我想的一樣吧？我也跟某位同事確認是我多想，還是真的就是這個意思，當然同事給我的答案就是「包養」。於是我回覆大哥：「大哥，感謝您的關照，但我想如果您需要搭車，再跟我預約就好了。」

大哥也很尊重我的意思，回覆我：「沒問題。」

後來跟幾位前輩分享此事時才知道，原來男性司機也會遇到類似的事情啊！（就是被女主管邀約之類的）雖然斷了這位每天固定的「大咖」客戶，但有時候不該觸碰的道德底線還是要有，對我來說，也算是一種奇妙的經歷吧！

對人無禮是因為習慣嗎？

不管身處在什麼行業，我們總會遇到讓人不順心的客戶，有可能因為對方而影響一整天的心情，我相信不只是服務業，應該各行各業都會遇見。

我所說的「無禮」並不等於社會上所認知的「奧客」，而是光從

言語就讓人感覺不適，白話一點來說就是「沒禮貌」。以我自己開計程車所遇到的例子來說，我只要聽到乘客對我說「喂！」這個字，就會讓我產生一種不悅的感覺。你們可以試想，假設你在餐廳擔任服務生，你聽到顧客對你說：「喂！我要點餐！」或是其他不禮貌的話語，你是否也會覺得這個人很沒禮貌呢？

對方大可以說：「不好意思，我要點餐。」但為什麼他表達出來的言語會令人如此不悅？是習慣？還是家庭教育出了問題？從小我們在學校接受教育時，應該所有的老師都會教導我們說「請、謝謝、對不起」這三個詞，我也覺得出門在外，這是很基本的一件事情，對我來說「禮貌」真的算是我的底線之一。

也許是因為從小阿嬤對我們的家教比較嚴格，在我們家講話非常重視輩分，只要是晚輩或是年紀較小的同輩，都絕對不能直呼長輩或是哥哥姊姊的全名。還記得小時候有一次跟妹妹吵架，她正在氣頭上，不小心直接喊出了我的全名被阿嬤聽見，這下可完蛋了！我老妹直接被阿嬤足足罰站了一個小時，妹妹氣得問阿嬤「為什麼」，阿嬤只回了一句「沒有為什麼，因為姊姊比妳大，妳這樣非常沒有禮貌」。自此之後直到今日，我再也沒聽過我妹叫我的全名了。

直到現在，換我身為人母，雖然平時兩個孩子並不是由我撫養，但只要跟她們見面或出門，我還是會盡可能的留意她們的言行舉止。

某次我帶個兩個女兒出門吃飯，那頓飯我很清楚的記得金額是九百七十元，於是我便隨口說了一句：「哇！吃一餐就花了快一千元呢！」令我沒想到的是，我大女兒直接回了我一句：「那就拿一千元出來就好了啊！又沒什麼。」雖然這句話不是對外人說，但卻讓我感覺她的價值觀已經有些偏差，於是我對她說：「妳知道嗎？現在外面工作的薪水，最低一個月不到三萬元，對這些人來說，一千元已經遠超過他們一天的薪資，這樣妳還覺得一千元是小數目嗎？還是說我讓爸爸帶妳去體驗工作一天，妳就會知道賺錢的辛苦了。」（她們爸爸是做油漆工程的，如果讓她去體驗半天，她應該馬上就受不了。）

說完我大女兒才一臉委屈的跟我說：「知道了，媽媽。」

我也曾對她們兩個說過，我並不要求她們的學歷有多高、成績要有多好，但良好的學習態度一定要有，該做的事情一定要完成，因為我覺得以我自身的學歷來說，其實並沒有資格要求她們，不應該把自己都沒做到的事情強壓在孩子身上，我只希望她們做人有禮貌、品行良好謙卑、有守時觀念，若有想學習的可以盡量去學，多去嘗試，才會找到屬於自己的路。

正因如此，當我面對無禮的乘客時，雖然不會做出太大的反應，但內心卻極為反感。

我記得某次載到一名中年的男性乘客，他一上車就自顧自的講電話，並對我說：「去車站，然後我還要先去一個地方。」我還來不及問他中途點在哪裡，他又繼續講起了電話，於是我便想往車站的方向開，此時他對我說：「欸欸欸，小姐，這裡要右轉啊！我要去隔壁條的路而已。」我心想：「欸什麼欸！大哥你又沒跟我說要去哪裡。」

之後暫停在一個社區門口等他拿物品，他上車後依然是用很跩的口氣說「走！去車站那」，還好路程不是很遠，跳表金額才一百二十元，當下我真想快點把他丟下車，畢竟下車連一句「謝謝」也沒有，他一下車我馬上在系統中封鎖他為拒絕載客。坦白說，我並不會因為是短程而封鎖顧客，但若是遇到講話口氣很差又沒禮貌的客人，我真的不想再遇見第二次。

言歸正傳，每個人的成長環境都不同，但希望所有人都可以將心比心，你對人和善，別人也會對你有禮。

發生事故的機率，是一般人的十倍

開計程車時，最危險的事情是什麼？我想應該是在道路上發生事故的機率，會比一般人高出十倍吧！

以一般人來說，除非你是業務性質的工作需要東奔西跑，在正常

情況下，普遍都是在上下班或假日出遊時開車，平均算下來，一天頂多開車一小時，但職業駕駛們平均一天的開車時數大於八小時，也因此，我們發生事故的機率會比普通人高。

順帶一提，職業駕駛還有一個缺點，就是「保險貴到爆炸」，我曾經請一位從事保險業務的朋友幫我試算保險費用，以第三責任險丙式的保險費用來說，這已經是最便宜的，但我記得之前我開自用車時，一年的保險費用約莫在一萬多元，但我請朋友幫我以營業車去試算時，保險費竟高達六萬多元！當下我實在太震驚了，六萬多元以自用車來說已經可以保到全險，我朋友只跟我說一句：「沒辦法，因為營業車在路上的時間太長了，發生事故的機率是一般人的好幾倍。」

的確，我從會開車到現在應該有將近十年了，在前面六、七年的時間裡，只發生過一件小事故，但我從業開始不到兩年，就發生了三起小事故，也導致我在開車時比之前更謹慎。

在這三起事故中，某次的事故是比較複雜的。當天我正從桃園火車站要載客前往龜山林口一帶，在某條路段上我正準備從內線切換到中線車道時，我的車已經切換完成一半了，突然有輛機車以非常快的速度衝撞上我的車，並把我的右側門跟右後視鏡都撞傷了，接著還沒完，他撞上後竟又撞到右側的另外一台機車駕駛，導致這起事故變成三人事件。

「妳怎麼沒打方向燈啊？害我直接撞上去。」我下車後，撞上我的那名機車騎士這樣對我說。

「我有打方向燈，而且我都切換完一半了，先報警再說吧。」隨後我便去放置三角架，並查看第二台機車駕駛的傷勢，同時打一一〇報警。事故發生的當下，剛好我的前方有一台車是我們車隊的隊員，所以他也替我在車隊的APP中回報狀況。

此時我的隊友們在APP中呼叫我，並問我車上有沒有乘客，是否需要幫助。這是我們車隊的互助方式，剛好我車上有一名乘客，在確認他沒有受傷的情況下，便請附近的隊友協助將乘客載往目的地，方便我處理後續的狀況。

結果就在我打一一〇跟警方通話時，撞上我的那名機車騎士竟然直接騎走了！當時我正在通話中並沒聽清楚他說什麼，但好像是說著「趕著上班」之類的話，在我結束通話後，我便去詢問被撞的第二位機車騎士。

「他怎麼走了啊？警察都還沒到呢！」我說著。

「我也不知道啊！他就說什麼趕著上班，連聯絡方式都沒留下就走了，再怎樣也要等警方來吧！」該騎士也是以傻眼的表情對我說。

但我們猜想，十之八九應該是該騎士有喝酒，怕警方來會被酒測，到時候可不是單純車禍這麼簡單了。當然這也只是我們的猜測，在警方到達後，只剩下我們兩個人進行筆錄，我也去派出所查看道路監視器，從車牌去追查該名肇事逃逸的騎士。

後來警方依照車牌追查到車主的聯絡方式，結果車主竟不是剛才那名騎士，而是一位工程行老闆。老闆表示該騎士是他的員工，公司裡會有多輛機車借給沒有交通工具的員工騎乘，但因為並不用留借用資料，而且員工眾多，所以一時之間老闆也不知道是哪位員工將這輛機車騎出去，而被該員工撞傷的機車騎士也對他提出了過失傷害。

過沒多久，我收到法院的證人傳票，是該騎士提告並請我去法院做他的證人，在開庭中得知工程行老闆已賠償該名受傷的騎士，而我的車雖然受損，但不影響行駛，我便自行噴漆處理，也就沒有再向工程行老闆討要賠償，當然他的那位員工會被法院依肇事逃逸處理。

這起事件雖然只是場小事故，但請各位切記，發生事故一定要等警方到場進行筆錄，否則一旦變成肇事逃逸就得不償失了。

再見，夥伴！

往事歷歷在目，
如今將這件事寫出來還是這麼令人難過。

計程車行業就像我在前文所提及的，很多晚輩都是因為長輩本身是開計程車而加入這個行業，光是我們車隊中就有不少隊友是兄弟姊妹或是父子、父女，接下來我要講的這位隊友也不例外，他們家有好幾位司機都是我們的隊友。

蕭叔叔在家中排行老三，上面分別還有兩位哥哥，他的大哥我們都尊稱為蕭大哥，蕭大哥再一兩年也準備退休了，而二哥我們稱他為富哥，這兩位叔叔我跟他們都還算熟識，再來還有一位是蕭大哥的女兒，也是司機，所以光是他們家就在車隊中占據了四台計程車。

蕭大哥的出車時間非常早，所以我是在轉成早班時才認識他的，他每天早上五點多出門，開到大約十點多就會回家休息，而富哥則是大約早上七至八點左右出現，開到中午回去歇息，下午再出門開幾趟，蕭姐姐則是早上送完孩子上學後開到孩子放學，六、日則是她的親子日。講到現在你會發現，我怎麼沒提及蕭叔叔，因為我跟蕭叔叔其實沒有見過面，只有在我們的無線電APP上聽過他的聲音。

那是兩年前的小年夜下午，當時我才入行大概四個月，第一次遇到過年期間車資會多五十元的時刻，讓我非常開心（計程車每年過年間約有十天都會調漲幾十元至一百元不等，每個地區都不一樣），這段期間是計程車司機最開心的日子。再過一天就是除夕了，接下來幾天生意一定非常好，但就在那天卻出了意外……。

那天蕭叔叔跟大家一起排班，並沒有覺得他有什麼異常之處，我還記得那趟我是跟在蕭叔叔的後面一起出車，結果我開出站沒多久，就聽到APP上傳來語音：「欸，你們誰在站內？我剛看到老三的車撞上多那之咖啡了，誰快過去看一下。」剛好那時富哥跟蕭姐姐也在線上，姐姐馬上說：「我在林口要回程了，有人可以過去幫我看一下嗎？」於是便有隊友先去探查蕭叔叔的情況，車子倒是沒什麼事，但蕭叔叔已經昏迷了。

緊接著救護車跟警車就來了，而蕭叔叔車上的乘客則由其他隊友先幫忙載走，據乘客的轉述，蕭叔叔好像突然心肌梗塞便撞上了咖啡館旁邊的電線桿，乘客也是驚魂未定。

蕭姐姐趕過去時，可能不小心壓到手機，於是APP上持續傳來她跟警方的對話。

「你們是他的什麼人？知道他家人的聯絡方式嗎？」警方問著。

「我們就是他的家人，他現在情況怎麼樣？」姐姐回著。

後續蕭叔叔便被救護車載走，直到傍晚左右，我看到車隊的群組傳來一條消息，是我們隊長傳的，內容是「隊友蕭○○下午因心肌梗塞送醫未能救回，人已離開去極樂世界」。當下看到訊息時我只覺得錯愕，一時之間竟無法緩過來，雖然我跟蕭叔叔素未謀面，但也每天聽他在APP上報班，明明人早上還好好的，怎麼就這麼突然……。

之後有好一段時間，我們沒有任何人在APP上說話，我想可能大家的心情都是一樣的，更不用說那些跟蕭叔叔熟識的司機們，面對好友的離開絕對是萬分悲慟。

過沒幾日，大約是年初三當天，我跟我同學還有叔叔他們先去靈堂給蕭叔叔上香，而蕭大哥則告訴我們，其實老三的心臟早就有問題，只是沒想到這麼突然，開車開到一半就發作。過完年後便是蕭叔叔的告別式，幾乎全部的隊友都去參加了，我想這個年他們家肯定不好受，這也是我第一次遇到同事的離世。

那段時間就連我也很不習慣，已經好幾個月每天聽著蕭叔叔的聲音，而蕭叔叔又是報班非常勤勞的人，一時之間再也聽不到那個充滿活力的聲音，心中也是五味雜陳，直至今日我將這件事寫出來都還是記憶猶新，無法忘卻那天帶給我的錯愕感。

人生真的世事難料，雖然蕭叔叔不是因為車禍而離開，但計程車行業的風險的確比一般職業高出許多，每天開著車在道路上，只要平安回家就是最大的幸運，希望所有職業司機們，每天都能快樂出門、平安返家。

尬上同行

這絕對是我從業以來永生難忘的經驗。
其實很多人都會好奇計程車這麼多，
不同家車隊的車會不會互相爭客或者不對盤？

事實上，就算是不同車隊的司機們也會彼此認識，而且在馬路上我們常遇到乘客下車後需要切回車道時，若後方是計程車或貨車、公車等職業駕駛，我們常很有默契的互相禮讓，畢竟大家都是在路上討

生活的人，禮讓一下並不需要多少時間，但卻能給對方一些方便。

岔個題外話，我發現很多人不知道這件事，若你在路上禮讓了某台車，而對方向你閃了兩至三下的雙黃燈，那便是對你「道謝」的意思，千萬別以為對方是挑釁你而下車啊（笑）！

當然你在路上會遇到同行，也會遇到讓你覺得很莫名其妙的司機，想像你是一個上班族，大部分的同事都安分守己且有默契的做著自己的事情，偏偏就是有某位同事喜歡鑽漏洞、整天惹事，讓其他同事覺得此人很討厭，我相信各行各業應該都有這樣的人，明明可以相安無事，他卻偏要挑起戰火。

我雖然長了一張「高個子臉」，就是單看著照片可能會覺得我身高偏高，但實際上我是只有一百五十五公分的超級小矮人，所以給人的感覺總是柔柔弱弱的，看起來需要人家保護，可是如果跟我比較熟識的人就會知道，我的個性平常雖然好講話，但如果遇上事情或觸發到我的憤怒點，其實會滿火爆的，就是所謂天不怕地不怕的類型，你越兇我會比你更兇的那種，就算你是男生也一樣，對，我就是個「恰查某」。

我那次遇上的同行司機簡直堪稱奇葩，怎麼個奇葩法呢？桃園火車站的出口是單行道，而我們排班車會在這條單行道的右側排班，乘客只要一上車，不管目的地是往哪個方向，我們一定只能從這條單行道駛出，而火車站的上下車處則是在前方的位置。

那天的事情是這樣的：我那時正在排班，當時的車輛不多，大概只有三至四台，算是偏離峰時刻，依照正常的排班方式，一定是從別條路開進這條單行道進行排班，偏偏就讓我遇見了這位「大哥」。

他在前方的下車處讓乘客下車後，應該是看排班站沒有幾台車，這位司機大哥自認聰明的將他的排檔桿排到倒退檔，你沒看錯，他想直接從單行道倒退到排班處的末端。我再特別強調一下，這條是「單行道、單行道、單行道」，很重要所以說三次。照理來說，如果是正常人，都會直接再繞一小圈回到排班區，大約也只要三分鐘的時間，如果沒遇到紅燈甚至不用兩分鐘，但他竟然選擇用倒退的方式，我發誓我當時看到這景象時，真是看傻了眼，這到底是什麼神奇的操作？

於是我便在他倒退到我的左側後，開了窗對他說：「大哥，你去繞一圈行嗎？大家都從後方開始排班欸！」他可能見我是小女生便開始破口大罵：「妳管這麼多幹嘛？妳往前就好了，妳管我怎麼排。」完了，他徹底觸發到我的暴怒模式了。

「哪有人像你這樣子的，大家都規規矩矩的繞一圈再進來排班，誰會有意見？偏偏只有你違規倒退。」此時我的聲音已經有點大聲了。「妳管這麼多幹嘛？這裡是妳管的是不是？妳就往前開就對了，╳╳╳。」這大哥氣到三字經都出現了。

「你要這樣是嗎？沒關係啊！你剛在單行道倒退，行車記錄器拍得清清楚楚，你想收罰單是嗎？」只要收到違規單，他載這一趟也是虧錢。

「妳去寄啊！我怕妳喔？往前開啦！」我們大概僵持了五分鐘左

右，就算都沒下車，但吵架聲依然大到路邊所有人都在看戲，緊接著他看我前方沒車了，就直接往我前方插隊，剛好前方有幾組乘客，他載客後就閃人了，但我還是有記下他的車牌並錄下影像，上傳到我們車隊的群組，並告知大家「以後看到此車請注意」。

剛好群組裡有一位司機也是他們車隊的，他直接將這位大哥的事蹟告知他的小隊長，後續聽說是被訓斥了一番，此後我再也沒見過這台車進入火車站了。

結果後來搭上我車的乘客竟然還對我說：「妳剛才好帥氣哦！」我聽到時真不知該哭還是該笑，我只是想好好賺錢啊！

雨天的溫暖

如果你平常很頻繁搭計程車，
或者是有在使用手機叫車軟體、超商叫車等方式的人，
應該都會知道有些時間段是很難叫車的。

最常見的就是上下班的時段，早上上班時段大約是七點至九點，而晚上下班潮則是落在下午五點至晚上八點左右，通常這些時段叫車的乘客最多，就是我們所謂的「尖峰時段」。如果是專職跑計程車的

司機們，在一天當中通常至少會選擇跑到其中一個尖峰時段，像我就是會在早上的尖峰時段前出門。

這是平日最難叫到計程車的時刻，可說是供不應求，而且不只是很難叫到車，就連各個排班站區也幾乎都會處於一個「空班」的樣貌。所謂的空班就是指排班站內沒有任何一台計程車，只有等待搭乘計程車的人潮，甚至常常會出現乘客「搶車」的動作，就是會有人不排隊，只要看到有計程車接近就將車攔下搭乘，但我們「在地的」排班車司機如果看到此情況發生，就會選擇將車開至第一班的位置，略過那些喜歡搶車的乘客，讓按照規矩排隊的乘客搭車。

再來還有一種情況非常難叫車，就是滂沱大雨的時刻，只要一下大雨，司機們的車機系統就會開始響個不停，常常吵到我甚至會想將系統直接關閉，回去排班站載乘客就好了。其一是因為道路上會很壅塞，其二就是大雨時，連找門牌號都是很困難的一件事，更不要說乘客的上下車地點是在對向時，還得想辦法迴轉，畢竟下著大雨，總不能讓乘客淋雨吧！但視線不佳的時候，迴轉會比平常來得危險一些，有些司機甚至就直接收工回家了，畢竟安全比較重要。

說到下雨天很難叫車的情況，有一天我的叫車系統在午後雷陣雨的時刻響了，上車地點是在附近的一間超商，對於我們來說超商是個比較好找的「地標」，於是我就接了這趟單。那天的雨其實也並不算很大，但就是非常突然的下起雨來，直接措手不及的那種，接著就看到很多機車騎士在路邊穿起了雨衣。

不到五分鐘的時間我就抵達了乘客的上車地點，隨後我看見一對似乎是祖孫女的兩人撐著傘走了過來，奶奶的年紀貌似六十至七十歲左右，而那位女孩則是高中生的模樣。奶奶先上了車，緊接著那位女同學也搭上車，但一搭上車，這位奶奶隨即向我詢問：「不好意思，小姐，請問我們的車資可以分開結嗎？我們有兩個地點。」

分開結？我心裡一陣OS：「很少遇到有家人搭車要分開結帳的情況耶，應該說是根本沒遇過啊！呃，那我這樣該怎麼算才好？重新跳表也不太對呀？」在我內心糾結時，還是回應奶奶一句「好的！」並且在心裡盤算等等該怎麼收錢才好。

奶奶跟那位女同學的目的地是反方向，我們先前往奶奶的下車地點，但在後座的兩位開始聊起天來，奶奶對著那位女同學說：「謝謝妳呀，讓我跟妳一起搭車，不然我都不知道怎麼辦才好了呢！」緊接著女學生回應奶奶：「沒關係啦，小事情，之後也可以用手機叫車，下載這個就好了，或是請超商店員幫妳叫車也可以。」

這位女同學一說完我頓時恍然大悟，原來這兩個人並不認識，她們不是祖孫女而是陌生人，但我還是在思考那等等該怎麼結帳才好。

奶奶的下車點抵達後，我的跳表機顯示一百三十元，不如這樣吧，就跟奶奶收一百三十元，而那位女同學的，我就從超商算到她下車點的距離，可以預估是一百二十元左右，就這樣收吧！殊不知在路途中，奶奶就將車資給了那位女同學，而奶奶下車後女同學向我說：「啊，她才坐一百三十元，可是她給我四百元耶，怎麼辦？」

但此時我已經將車開走，奶奶也已經進了家門，接著她又說：

「她說剛才在那邊攔車攔了一個多小時都沒有車，剛好我要叫車，就讓奶奶跟我一起搭車。」原來是這麼回事啊！但這種情況我還真是第一次見，通常在台灣不太會有陌生人一起搭車的情況發生。

也許這位女同學是見奶奶年紀大了，便讓她一起搭乘比較安全，而奶奶會給女同學四百元應該也是感謝她，並想將她的車資一併付清，最終抵達女同學的下車地點，我的表是顯示兩百四十五元，跟我當初所估計的金額也才差五元，於是我也就照著跳表金額跟女同學收取了車資。

其實我也算是沾了一點這位同學的光吧？原本這趟應該只有一百二十元的車資，因為她的善良，讓我的車資漲了一倍，女同學的舉動讓我感到十分暖心，祝福她未來事事順心。

搭訕無國界

桃園火車站其實離龜山工業區特別近，
所以我們的乘客至少有一半來自外籍移工，
其中以越南、菲律賓和泰國為主要客源，
越南籍的比例應該算是最多的。

桃園車站一出站口就有滿滿的越籍商店、餐館甚至是髮廊，假日時一眼望去幾乎都是外籍人潮。如果遇到不會說中文的乘客該怎麼辦

呢？要怎麼報地址給司機？其實他們都已經習慣將門牌號碼拍照並存在手機裡，一上車就會將手機照片出示給司機看，這樣既方便又不會報錯地址。

某些外籍乘客則是報常去的工廠名稱，通常發音都不太準確，但我們已經習慣了，例如：報「華碩」，我們會知道他們所說的是「和碩」公司；又或者載到要前往桃園車站的客人，台灣人會說「前站」或「後站」，他們則是說「前面」或「後面」；有一些則是報大地標，像是說「南崁 Costco」，指的其實是 Costco 對面的工廠宿舍。如果不是常在火車站排班的司機，一開始聽到應該會有點霧煞煞吧？而他們報公司名稱時也通常是要回宿舍，所以我們會知道某些工廠的宿舍在哪條路上。

不過，有時也會出現已經待在台灣很久的移工，中文會比較好還能聊天。以我來說，比較容易遇到的是開玩笑說：「老闆娘，妳有沒有男朋友？」之類的。

但有一次竟然遇到想認真追求我的人，是一位泰國籍的移工，我是在火車站載到他，當時他要到公司宿舍，但是他的公司在比較偏遠一點的小巷子裡，通常不太好叫車，所以他詢問我能否留聯絡方式。其實一開始我不以為意，因為很多外籍朋友們會留一些司機的聯絡方式，以方便日後叫車用，但因為他的中文不太好，所以當時他是出示自己手機的 Line 介面，然後問我「ＯＫ？」我便將手機的 QR Code 開啟給他加入好友。

後來他陸續叫了我的車幾次，通常是週末晚上八至九點的時段，因為桃園火車站附近有一間泰國籍的夜店，偶爾他會請我載他前往那間夜店，而他常是臨時叫車，再加上他的叫車地點總是離我有段距離，我都會回覆他：「20mins、30mins，ＯＫ？」不管我報的時間多長，他總是回應我「ＯＫ」。

其實我也是想著「那邊那麼難叫車，難怪會願意等」之類，因為無法溝通，所以在車上我們並不會講話，但幾次之後他開始想跟我說話，不管他說什麼，我聽起來就是一堆亂碼，完全無法理解，於是他用Google翻譯給我看，內容大概是「有老公嗎？有男朋友嗎？」之類的話，然後我就簡單的回應ＮＯ，他聽了我的回答也沒再說什麼或打字給我看，抵達地點後便下車了。

過沒多久，我還記得當天是除夕，下午我下了班便回家跟家人一起吃飯，手機突然響起通知，顯示那位乘客傳來的訊息。除夕夜要叫車是很困難的，因為司機們也得回家過年，正猜想他是因為要叫車而傳來訊息，殊不知一打開訊息，傳來的是「老公沒有嗎？」、「一起吃飯嗎？要不要？過年，一起」，因為用翻譯的關係，文法大概就是這樣。我頓時就理解了，原來他問我那些問題外加這封訊息，其實是要追求我的意思，嚇得我趕緊回覆他「ＮＯ，在家吃飯」。

自從我回覆完這則訊息之後，他便再也沒叫過我的車了，大概是因為被拒絕怕會尷尬吧！就算他不尷尬，我也會覺得很尷尬。其實我也不是排斥外籍人士，只是來得太突然而措手不及，我們根本就不熟啊，再加上連基本的溝通都沒辦法，完全無法相處。不過這也算是我職業生涯的趣事之一吧！

除夕夜吃完飯後，我們車隊幾個司機約出門聚餐聊天，我閒聊中提及了這件事，還因此被我那群同事們調侃了一番。過沒多久，某次我滑著通訊軟體，無意間瞄到這位乘客換了張大頭貼，大頭貼上是跟一個女生的合照，看來是交到女朋友了啊！雖然固定乘客少了一位，但還是祝福他幸福快樂。

我的越南好友

我從來沒想過有一天我可以跟外籍乘客變成摯友，
而且她們是那麼的有趣。

上一篇文章中提及桃園後火車站是有很多外籍商店的地方，因此每到週日就是後站人潮最熱絡的時候，有時候我們會有乘客要前往八德，回程途中若沒有派單系統叫車，我便會順路經過後站再轉繞到前站，但有時候在後站就會被攔車，簡單來說，我就是順便去後站碰運

氣，當然也不是每次都這麼幸運，畢竟那裡人潮雖多，計程車的數量相對也非常多，但也無所謂，反正我繞過去就是前站，大不了就是回站內排班而已，順其自然就好，簡稱「佛系跑車法」，一切隨緣。

某天，我幸運的被路招攔車了，而且是要前往楊梅，大概將近二十五公里左右的里程數，讓我滿是歡喜，根本就是撿到寶了！乘客是兩位女性，聽口音應該是越南人，但中文講得很好，一開始我還猜想是不是結婚嫁來台灣許久，所以中文才這麼標準，跟我報地址時還讓我驚訝了一下。確認地址過後，兩位女性便開始自顧自的聊天，從對話的語言讓我確定她們是越南人沒錯。

她們一路上嘻嘻笑笑的，結果沒多久，她們竟將聊天對象轉移到我身上，其中一位先開口：「美女，妳現在幾歲啊？感覺妳很年輕耶。」於是我便簡單的回覆她：「二十八歲。」

接著換另一位開口：「妳比我們還要小耶！我跟妳說，旁邊這個很老嘍，三十幾歲了。」

「什麼老，妳也快三十歲了！」她們就這樣一搭一唱的嬉鬧著。

「真的嗎？看不出來欸，妳們是嫁過來台灣嗎？中文很好耶！」我說。「沒有沒有，還沒結婚，我來台灣十年，她六年，來上班。」那位三十多歲的姐姐回應我。

「對，她的中文很好，還看得懂中文字，我看不懂，只會說。」

我們隨後又聊了許多，我跟她們溝通起來完全沒問題，而且她們總是一直笑著，非常活潑開朗，整個車內氣氛也變得非常歡樂。

她們是在楊梅上班，剛好放假跑來桃園逛街吃東西，而其中那位較年輕的女性也用後座的 QR Code 加了我的 Line。她們也對我自我介紹，三十多歲的那位姐姐叫做「阿蓮」，另一位是「阿如」。

當天晚上我便收到阿如傳來的訊息，是一張越南菜的照片，外加一句一看就是經過翻譯的中文，意思大概是「妳下次有來這裡，可以帶妳去吃這個」。我從未吃過越南料理，當時在車上時有聊到，沒想到阿如晚上就拍給我看平常她們在宿舍煮的越南料理，我原本想打中文回覆她，後來想想我也翻譯成越南文好了，免得她收到訊息還要再複製貼上翻譯一次，我們就這樣一來一往的聊天，有時候阿蓮跟阿如還會打視訊電話給我，就這樣三個人一起聊天。

有一段時間我有一位會前往平鎮的乘客，因為搭車時間很早，阿蓮跟阿如都還沒有上班，我們便相約在埔心火車站附近的市場內吃早餐。第一次吃越南料理我也不知道要吃什麼，阿蓮便說：「要不要試試看越南生春捲？」阿如聽到後有極大的反應：「欸，她如果不敢吃魚露怎麼辦？」

「啊，對喔，我跟妳說，很多台灣人覺得魚露很臭的。」聽完我想說魚露這東西聽起來還好啊，妳們是不是沒聞過臭豆腐的氣味，那可是多數外國人都懼怕的食物。「沒關係啊，我吃看看。」接著老闆娘就端著一盤有著透明薄皮包著內餡的春捲，裡頭還有幾尾半片的蝦配上一些蔬菜，而且還是涼的，跟台灣的春捲簡直天差地別。

「要沾著這個吃，魚露。」阿蓮說。我聞著沒什麼讓我覺得厭惡的氣味，我便沾上一口試試，一吃下去不得了，我直接對酸甜帶點微辣的魚露上癮了！

「好吃，很好吃耶！我喜歡。」接著她們兩人哈哈大笑。「真的假的？妳可以去越南了，這個很多台灣人很討厭的。」阿蓮說。「好啊！我一定要去越南看看。」我回她們。

之後我們閒來無事時就會打電話、傳訊息，我只要有到楊梅附近便會去找她們抬槓，她們若放假，就會搭火車來桃園，然後我去接她們，她們則會帶我去吃各種巷弄內的隱藏版越南美食，我們也相約好，哪天她們回越南時也帶上我，讓我跟著她們一起遊玩。我很喜歡她們純真又活潑的個性，希望有一天真的能跟她們去越南旅行，吃遍各種越南美食。

先生，請你不要亂摸

我本來堅信，人的本性善良且不會做出踰矩之事，但沒想到有一次我卻錯了。

大家常說女生開計程車最怕遇到不安分守己的男性乘客，許多前輩司機也總是提醒我要小心注意，若發生什麼事情一定要馬上通知他

們，有在附近的車子就會立刻過來支援我，而我車上也備著叔叔給我的辣椒水，以防不時之需。若真的發生了什麼狀況，最起碼當下我還能先有個防衛動作。

有一晚，我從車站載了一位乘客前往他的目的地後，我正準備要回火車站繼續排班，在回程途中，我看見兩名男子向我招手，示意我要搭車，當時差不多才晚上七點，但因為天色昏暗的關係，我並沒察覺到這兩名男子已經是飲酒後的狀態，在正常情況下，看起來有飲酒且對我攔車的人，我不太會將車停下來，會選擇直接忽略他們，但那天我並沒有看仔細，便停下車讓他們上車。

上車後，濃厚的酒氣彌漫在車廂內部。「糟糕，是酒客，希望他們沒有要搭很遠。」我心裡這樣想著。

「大哥，你們要到哪裡？」我詢問兩位男子的目的地。「哦！是美女司機耶！妹妹妳知道哪裡有比較好玩的酒店嗎？」我哪裡會知道哪家好玩，但火車站附近就有一堆酒店，乾脆就載到車站附近好了，剛好我順便回去。

「那去中國城吧！OK嗎？」這算是桃園很大家的酒店了，若他們不喜歡，樓上或附近也都是酒店，隨便吧！速戰速決。「都可以啊！妳說好就好。」後座的那位大哥回應我，坐在副駕駛座的另一位卻特別安靜，感覺後座那位喝得比較多。

路程其實僅十分鐘到十五分鐘左右而已，沒想到後座的那位大哥在途中開始不安分了，直接開始胡言亂語。

「妹妹，感覺妳很漂亮耶，我還滿喜歡妳的，啊妳要帶我們去哪裡？」我冷笑了幾聲想要選擇句點他的話題，沒想到他竟然還能繼續自言自語。

「妹妹啊，妳有沒有男朋友啊，這麼辛苦還出來開車。」講這句話的同時，他將身體往中央扶手的位置移過來，靠我很近，還將手放在我的肩膀上，我馬上將這位大哥的手給揮開，此時我的火氣已經有點上來了，但我選擇沉默不回應，沒想到他卻變本加厲，用手碰了我的腰，我一樣將他的手移開，並且將車速加速，因為此時我已經快爆炸了！

「妳這麼漂亮都沒有人照顧妳，不好吧？我很喜歡妳耶，妳知道嗎？」又來了，又開始亂講話，但他的朋友還是選擇沉默不語。

他見我都不回應他，而且還開著快車，由於他坐在中央的位置就是會有點重心不穩、東倒西歪，但依然沒阻礙到他想騷擾我的決心，他不斷的試著想用手碰到我的身體，我也是持續的躲避，最後我真的受不了，對他喊了一句：「先生，你再繼續這樣碰我，我不會載你們去酒店，我會直接把你們送到派出所。我車上有行車記錄器，你講的話跟動作都錄得一清二楚。」此時他好像有點嚇到了，我前面一直忍著是怕這些話會激怒他，但前往市區途中會經過一間派出所，而我講話的時候已經接近派出所的位置了。

「好啦妹妹，妳不要生氣啦！我只是真的很喜歡妳啊！沒有其他意思啦！」很好，他有比較收斂了，剛好也快到酒店了。抵達後，我報了跳表金額給他，他將車資給我後卻還待在車上，遲遲不肯下車。

「妹妹，妳把口罩拿下來，我看一下妳長什麼樣子嘛？」他又開始繼續胡言亂語，而他朋友到底是怎樣？自己的朋友不會管一下嗎？

「大哥，麻煩趕快下車，這邊沒辦法久停，請你們馬上下車。」就這樣，他一直重複著要我拿掉口罩那句話，而我也則是一直要趕他們下車，至少僵持了約三分鐘，我差點下車去請酒店門口的泊車人員將他們請下車，好險正當我準備要開門時，這位大哥終於肯罷休，認命的下車了。

結果一直默不作聲的那位乘客，在最後下車前還刻意碰了我的手一下。「原來這兩個人根本惡氣相投啊！難怪一直不制止。」我火氣大到許久後才氣消。

後續跟我叔叔他們說了這件事，他們問我怎麼當下沒說，因為那時我聽隊員回報站內並沒有幾台車，我覺得我應該能剋得住對方，若是做太多怕引起反效果。幸好，這件事也算是平安落幕。我也想提醒大家，不管是男性還是女性司機，都有可能會遇到心懷不軌的乘客，車內一定要放防身用品並隨時觀察情況，真的萬不得已就馬上下車報警，確保自身安全。

雖然這是我目前為止，唯一遇到的一次騷擾事件，但真的希望不要再有下次了。

車站大暴動

那天是萬聖節的週末，許多盛裝打扮的人正準備去狂歡作樂，而我們正經歷著一場火爆的場面。

某個星期五的下午，我的朋友打了一通電話給我。「妳今天有上班嗎？晚上有沒有空呀？我們想要叫車。」電話那頭傳來我朋友的聲音，我聽完就回他：「好啊，你們幾點要坐車？要去哪？喝酒哦？」當時的我還是個超級菜鳥，根本就沒有預約客，我想都沒想就答應了，因為我的行事曆根本空空如也。

「對啊，今天萬聖節啊！晚上八點，我們要去市區那間酒吧，妳要不要來？」星期五晚上耶，正是賺錢的大好時機呢！怎麼可以跑去玩耍呢？「我再看看吧！要去也是下班後去一下子吧！去你們家載你們嗎？」我回答。「對，然後還要接兩個朋友，那晚上見啊！」就這麼定下了預約搭車的時間。

晚上將近八點，我便準備前往我朋友家去接他們，只見他們各個打扮得奇裝異服，當時晚上很昏暗，害我差點沒被他們嚇死。

我還調侃了一位女生朋友：「欸欸，妳不是信基督教嗎？妳竟然敢打扮成鬼修女的樣子？」頓時她們一起哄堂大笑：「哎唷，沒關係啦！上帝會原諒我的啦，對吧？」一路上我們就邊開著玩笑邊前往市區的方向。

那間酒吧的位置就在我們排班站的正對面，當我快開到車站時，遠遠的就看見一堆警車在排班站的位置，目測大概有四輛左右吧！是發生什麼事了嗎？我朋友他們也好奇的詢問我：「這是在幹嘛？也太多警察了吧？這不是妳工作的地方嗎？」

「對啊！我也不知道啊！等會兒妳們下車我再去問看看。」於是我便先讓朋友們下車。

當時火車站有一堆我們自家車隊的車，再加上警車跟一般要前往車站的自用車輛，讓那小小的十字路口變得水洩不通，根本無法進去排班，我只好停在附近，然後用對講機呼叫我同學：「欸，怎麼了？站內怎麼有這麼多警車啊？」一段時間後我同學也沒回應我，於是我便再次詢問我同學的弟弟，到底發生什麼事了。

「剛才有一台計程車好像是台北的車，插了我哥的班，我哥下去跟他講，結果講一講好像打起來了。」我同學的弟弟這樣回應我。「蛤？打架？啊你哥狀況怎麼樣？」雖然我跟他很愛吵架，但還是會彼此關心。「後面連我爸跟叔叔都過去了，好像幾個人都打起來，他們要去派出所做筆錄。」聽完沒暈倒，怎麼連兩位長輩都打起來了。

等車站的交通舒緩了之後，我進去排班站詢問了認識的司機，才知道事情原委。

當時我同學排在了第六台車的位置，而第五台車的位置是空的，我同學是暫時擋在那裡，因為常常會有自用車輛停在那裡影響到我們排班，我同學想說等有車進來時再往前移動。沒想到那台來自台北的計程車，直接將車輛排進了第五台的位置，正常來說我們都會從末端進，然後前面車輛則會往前移動，或許是那位司機大哥不太理解桃園這裡的排班默契，看到空位就開了進去。後來我同學下車跟他理論，但據說對方的口氣不太友善，因此我同學很生氣並請其他隊友過來，但因為我當時正跟朋友聊天，沒仔細聽他們在線上說了什麼。

後面我聽叔叔說，我同學他爸爸後來也想去找那位司機理論，結果那位司機大哥似乎是想去車上拿武器攻擊，導致後面幾個人扭打在一起，並引來警察詢問，將他們都帶到派出所做筆錄。這件事情還被路人錄影而上了新聞，後續就是雙方互相提告傷害。

當時我還太菜了，也沒什麼能幫忙的地方，只能買杯熱飲過去派出所給叔叔，看了一下他們的傷勢無大礙，只是單純的皮外傷我也就放心了。這也就是為什麼我平常不太隨意進入外縣市的計程車排班區的原因，若真的要排班也不是不行，只是一定要稍微詢問那裡的排班車司機、打個招呼，一個簡單的小動作可以避免很多不必要的麻煩。

暴動後的互相提告，至今都還在進行開庭，尚未結束，還是希望雙方能和解，大家都平安無事。

Chapter 4

走過憂鬱，成為現在的自己

過去的日子，成就現在的充實

有時候總會憶起那些過往，人生就是會有很多分岔路，當你選擇了某一條路去走，你人生的故事就會經歷轉變，有些選擇會讓你順利通關，有些則會發生波折或令你痛苦。

現在正在寫這本書的我二十八歲，但進入社會工作已經有十四年

的時間，這十四年我有過快樂、有過挫折、有過迷茫的時候，當我經歷迷茫的時刻總是會想，當初如果沒有選擇這條路，我的人生是不是就會不一樣？如果我像同齡人一樣，讀到高中甚至大學畢業再開始社會新鮮人的生活，是否會有不一樣的成就？或許也不會遇上讓我痛苦多年的憂鬱症。

想歸想，人生沒有從頭再來過的機會，也不會有人一生都很順遂，轉念一想，這十幾年來的經歷讓我比同齡人多上許多社會經驗，如果當初沒有挫折，我便不會成長，也不會再次爬起來，也許就像剛學走路的幼兒一樣，總有一天得學會走路，但學習走路的過程中會無數次的跌倒，就算痛過、哭過也會勇敢的再次站起來，直到學會走路為止。

我在二十八歲前，究竟發生哪些事呢？

最初，我是有錢人家的富三代，但因家裡經商失敗，導致一夜之間化為烏有，可說是從榮華富貴的公主生活落入平凡人的世界，雖然我當時年僅七歲，對大人們的麻煩事一無所知，但還是感受到我不再是那個可以肆意揮霍、要任性的大小姐。不過，我很感謝有這件事的發生，若沒有這件事的起頭，我不知道我將會變成什麼樣子，可能還會像年幼時一樣任性、沒有太多社會經驗、學不會獨立生活，搞不好連洗衣機都不會使用，因為一切家事皆有外傭去做，我可能變成只會揮霍家中財產，所以我很感謝老天給了我不同的路去走。

工作非常辛苦與艱辛，我也因此經歷了許多打壓跟折磨，也熬夜到爆肝，有時甚至會廢寢忘食，一切皆是為了賺錢、為了升職，但我還是充滿感謝，若沒有這些痛苦的磨練，沒有長官們的魔鬼式訓練、沒有到外地去打拚過，我不可能突破自己，或許現在仍只是領著微薄薪水度日的人，我不會想到我還能做這麼多事情，讓自己進步成長，「有壓力才會成長」這句話是我活生生的經驗。

至於婚姻，因為父母離異，我內心總是渴望可以擁有一個屬於自己的完整家庭，我確實曾有過，但也因為種種因素而破滅，我不後悔有這段經歷，如果沒有結婚，我不會知道我能獨攬家事、精打細算柴米油鹽、照顧孩子的生活起居，甚至在離異後我變得更加堅強，更加堅信女性要有自己的事業，要把自己活得出色，不是為了誰而是為了自己。此外，我可能更不會去學習開車，也就沒有現在寫書的女計程車司機了，我更感謝老天給了我兩個可愛的女兒。

現在的我是一名計程車司機、部落客，更即將多了作家的頭銜，生活變得有點忙碌，也跟所有的司機一樣，每天出門討生活賺錢度日，也在臉書上發一些我的日常瑣事，結交了許多同行朋友，擁有車隊夥伴的支持鼓勵。其實我也可以做個平凡的計程車司機就好，但也許是基因作祟，內心的我總是不太安分，想多找點事情來做，雖然有時候會忙過頭，有時候壓力會有點大，但也更充實了我的人生，並產生了巨大的變化。

最後的這一章，是我的人生故事，這些故事拼湊出現在的我，好似一塊拼圖一般，人生就是拼拼湊湊後完成的作品，想要讓這幅作品完整，就必須去找到這些小碎片，也許會經歷找不到拼圖碎片的階段，但你總會找到的，要相信自己能完成這幅拼圖，別放棄它。

而我的人生還沒過完前半段，我也還在努力尋找碎片、努力拼出完整的拼圖。我不知道未來會是什麼樣子，我只知道我會更努力抓住所有機會，讓自己成為心目中的理想模樣。

人生第一份工作

我初入職場的契機，跟一般人相比很不同，
大多數人應該都是讀到至少高中畢業甚至大學畢業後，
約莫二十出頭的年紀才開始第一份工作，
然而我卻是那個比較「特殊」的異類。

如果有在追蹤我的粉絲專頁，就會知道我以前是從事美髮業，沒錯，這就是我人生的第一份工作，當時我是國中二年級，所以差不多是在十四歲的時候。

為什麼我會這麼早開始工作呢？很多人可能會認為是要幫忙家中的經濟，雖然我從出生開始就是由外公外婆照料，是隔代教養家庭，但家裡的經濟況狀其實也不是非要我出去工作不可，當時的我應該算是興趣使然吧！

如果跟我差不多年紀的女生，應該會知道當時很流行一本日文雜誌，即《Popteen》，當時雜誌裡的日本模特兒，每個都很會化妝、穿搭，髮色都是那種淡淡的奶茶色系，我跟妹妹對此都非常著迷，每月出新刊就一定會跑去超商買一本，甚至當雜誌推出模特兒聯名的化妝品時，我們姊妹也會用零用錢偷偷買回來，現在回想起來，那段時光真的滿快樂的。

因為雜誌模特兒的髮色，讓我起心動念開始想要ＤＩＹ自己的頭髮，因為我讀的學校是公立高中的國中部，是沒有髮禁的，基本上只要不要太誇張，老師跟教官們都不會有什麼反應，所以我就從開架的染髮劑開始著手，這也不小心開啟了後面的美髮之路。第一次幫自己的頭髮染上顏色，動作也很笨拙，雖然學校沒有髮禁，但可想而知，還是被阿嬤罵了個臭頭，但國中時的叛逆期哪是這麼簡單能夠被馴服的呢？

不論我怎麼染，就是染不出如同雜誌裡的髮色，當時完全沒有任何專業知識的我，並不知道那種顏色是需要先做漂髮，所以我就又調皮了一次，拿著自己辛苦存的零用錢，自行上了髮廊。雖然說是髮廊，但也就是在離我家走路就能到的那種連鎖髮廊，操作染髮項目的時間較長，又要進行漂髮，先將髮色變淺，時間差不多要四小時，真是坐到我雙腿都快麻痺了。

設計師也會在染髮時跟顧客寒暄幾句，我記得當時正逢暑假。

「妳是不是對美髮很有興趣啊？」設計師開口問了我。「對，應該算是吧！」我很小聲的回應他，那個年紀的我非常內向，不太敢開口跟陌生人講話。

「那妳乾脆來當學徒好了，剛好我們店裡沒有助理，而且妳現在不是放暑假嗎？」他一開口簡直差點嚇掉我的下巴，而且我以為他在開玩笑，在他提及幾次後才知道是認真的在詢問我。可能你會想，這樣不就是童工？是的，在十多年以前，這個行業沒有這麼的循規蹈矩，跟現在有勞基法的年代完全不一樣。

「我不知道可不可以，可能要回家問一下我阿嬤。」其實我內心是非常雀躍的，我等不及回家告訴阿嬤這個消息，但又很怕被阿嬤罵，雖然正值叛逆期，總是表現出天不怕地不怕的樣子，但我阿嬤是真的非常兇，從小對我們很嚴格，還記得國小的生字作業，她會坐在我旁邊全程盯著我寫完，如果字寫得太醜，她會直接擦掉叫我重新寫，我一份國語的生字作業要寫兩小時。好吧，也是要感謝她，讓我現在寫字至少不難看。

當我抱著緊張又期待的心情回到家，開口告知阿嬤這個消息，但令我意外的是，先不說我偷跑去染頭髮可能會被唸，她這次竟然沒有反對？這是我認識的阿嬤嗎？我原本以為又會被罵，但她卻說：「妳若確定喜歡，可以去試試看啊，反正現在暑假，而且妳作業都寫完了，髮廊就在家旁邊還可以。」

哇！我真是太開心了，隔天馬上衝去那家髮廊告知設計師這個消息，並且確認店長同意後，後天就可以上班了，那兩天我輾轉睡不著覺，就好像要去校外教學一樣興奮期待。我迫不及待的想像我成為設計師的樣子，然而，事情並沒有我想像中的這麼美好。

第一份薪水

上一篇提到做美髮並不如我想像中美好，特別是第一次面對同事對一個國中生來說，其實滿煎熬的。

以前只需面對學校中的同儕，到了職場，同事的年紀都比我年長許多，外加我原本就比較內向，關於如何和人「相處」這件事情對我來說，算是一個極大的挑戰。

身為年紀最小的員工，記得當時店內除了沒有助理之外，員工總數加上我其實只有四個人，其中一位是店長，另兩位就是設計師，我們的店長是一名女性，在我的印象中，她當時應該是三十歲上下，店長就是職業女強人的模樣，所以也讓我在面對她時，心臟有點快停住的感覺，雖然她講話很客氣，但總是給我一種「這個人一定不好惹」的感覺。

其中一位設計師就是前文提及，邀約我來店內工作的男設計師，我還記得當時我犯了一個非常低級的錯誤而挨罵。當時該設計師正在幫一名男孩剪頭髮，我們做助理的，只要設計師在操作客人，基本上都要在旁邊「立正站好」，就是一邊準備設計師所需的工具，一邊觀摩學習。

當他幫男孩剪到後腦勺的位置時，我發現了兩邊的不對襯，所以我就小聲在老師耳邊說「老師，後面剪得有點不一樣」，我記得當下立刻被老師瞪了一眼，客人離開後，我就被抓去後面的休息室裡，被教訓了一頓。

「妳就是助理而已，妳什麼都不會，有什麼資格跟我說這說那的？做好妳自己的事情就好了！」其實老師說的也沒錯，我的確沒有那個資格跟「長官」說「哪裡做錯了」之類的話，那也是我第一次在公司裡偷哭，現在想想，當時的我真的是很無知的新人，助理這個職業就是「少說話、多做事」就對了。

後來因為我是這家店內唯一的助理，有了助理之後讓這三位大師都輕鬆了不少，從前沒有助理，他們就得身兼兩職，要當設計師又要做助理的工作，我來了之後，他們就只需要當設計師，客人剪完頭髮我掃地、我幫客人洗頭、摺店內的毛巾，他們肚子餓時，我也要跑腿買飯買飲料，反正就是被呼來喚去，所有的雜事全部都落在我一個人的身上，整天下來忙到精疲力盡，但其實當年的助理都是這樣度過每一天的。

最令我錯愕的是到了隔月領薪水的日子，明明我有幫客人洗頭，照理來說應該會有多的抽成才對，而且我那個月只休息四天，就算我年紀再小，也不能用這種薪資打發我吧！你們絕對想不到是多少錢，因為實在是低到離譜。讓我來為你們揭曉答案，我領到的薪資是「兩千六百元」新台幣，扣除我的四天休假，我工作了二十六天，所以等於我的工資是一天一百元，這個薪資讓我十幾年後都還印象深刻，是不是太過分了，如果是現在，應該早就上新聞了吧！

在當年，薪資會依照助理的等級劃分，最初級的就是只會洗頭，再來就是進階成為會上燙髮藥劑、染髮劑的助理，最後則是準師階段，雖然名稱有個「師」字，但依舊是助理，差別就在於這個階段已經可以獨立操作完整的燙染髮流程，並且已經開始學習剪髮，然後可以找些朋友來自行操作，累積作品照片，上述三個階段的薪資以當年來說，差不多會是八千元、一萬兩千元及一萬五千至一萬八千元，若依照行情給薪，當時的我再差應該也要有五千元，也怪自己當時年紀小，薪資報酬都沒弄清楚就去上班。

回到家後我跟阿嬤提了這件事，她並沒有發飆要去找店家理論，現在想起來，感覺阿嬤是想讓我自己去經歷看看，後來我差不多要開學了，但倔強的個性讓我並不想因為這樣就放棄，於是我跟阿嬤討論，我是否能在開學後半工半讀，白天去學校上課、下課後再去上班，地點當然不會是我現在所待的店家，我想轉戰到當年的美髮一級戰區，就是現在的桃園火車站附近，當年那裡可說是走幾步路就有一間髮廊。

我認真的跟阿嬤討論了我的想法，阿嬤思考了一會兒後說：「好吧，妳自己想好就好，不要到時候回家哭說很累。」於是我便從現在待的店家離職，隔天去火車站附近的髮廊應徵助理，準備好要開始接下來的爆肝人生。

當助理真的好苦

後來我如願以償應徵到市區的某家髮廊，便開始半工半讀的生活。

那時候的我很好笑，每天學校的最後一節課快結束時，我就會趕快開始化妝，因為化妝對於我們這個行業來說是一種禮貌，下課大概是下午的四點半左右，我就會在五點前趕到公司，然後一路工作到下班時間，每天都是這樣的生活。

日復一日，每天早上六點起床，晚上到家已經接近十一點，我的精神漸漸的好像無法負荷，導致我常請假沒去上課，我還記得當時的班導師還跟我說「不給妳畢業證書了」，簡直是把我嚇到不行，直到畢業典禮那天才知道班導師是在跟我開玩笑，這個玩笑差點把我魂都嚇沒了。

雖然說我不常到學校，但我有一個技能還算不錯，就是所謂的「短期記憶」，這對於文科或是地理、歷史類的科目來說相當好用，使我的成績還不算太差，但數學類那種我就是真的沒輒了，只好放任數科離我而去。

到了高中我選擇了夜校，工作與上學的時間變成相反，白天去工作、晚上去學校上課，當時我讀的也是美容美髮科，但因為美髮工作是責任制，也就是手頭上的客人若沒有執行到一個段落，是無法找人接手的，導致我常常趕不上校車，要先搭公車去中壢，然後再步行二十分鐘才會抵達學校。

約莫讀完了一學期，阿嬤直接來跟我談話，當時我以為她會說要先把學業完成，工作等畢業之後再說，結果她話一說出口，我的第一直覺反應是「這是一般傳統老人家會說的話嗎」？當時阿嬤說的話是這樣子的：「妳做這行也兩年了吧，看妳這樣子還要去學校，然後美容科常常還要提著大包小包的練習器材，要不然妳兩者擇一吧，但我是覺得妳都做了幾年了，現在放棄之後又要重新來過，不如妳學校就休學吧，反正以後妳想唸書還是可以回去讀。」

一般的家長不是都會勸誡子女先完成學業嗎？我阿嬤也太開明了

吧？竟然直接說我可以休學，我當然二話不說同意了，過沒幾日就開始我的全職助理人生。

相比前一間工作的髮廊，我當時的工作環境屬於小規模的髮廊，這間髮廊雖然原本的助理加上我也只有兩個人，但設計師卻高達八位，當時這個行業跟現在有些不同，只要你當上設計師，基本上就是完全不需要幫客人洗頭，就算助理的人手再不夠，設計師也會請客人稍等，一定會等到助理們有空時，所以我跟另一位助理兩個人要應付八位設計師的客人，過年期間就更誇張了，我記得我們「聯手」同時應付了十二位客人，他上藥水我洗頭，我洗完頭再去幫他檢測髮質或看髮色，我們兩個人完全沒有時間吃飯，連上廁所都要請設計師來幫忙看顧。

每一分鐘對我們來說都很珍貴，但最崩潰的不只是這樣，我們好不容易看著設計師們下班，還要留下來整理他們弄出來的「爛攤子」，就是滿地的頭髮、沒洗的染刷染碗及沒收的毛巾等，我們要整理完整間店的現場環境，才算結束一天。早上吃完早餐，下一餐的時間是半夜，這對我們來說已是常態。

當年的設計師都是很兇的，在現場用三字經飆罵助理根本是家常便飯，習慣了就好，時間久了根本無感到不會像新人時期一樣躲起來哭了。我們就是一邊學習一邊領著微薄的薪水，這些薪水還得留著支付我們去外面報名課程，甚至買剪刀等器材的費用，所以當年的我們都是能省則省，還記得我當時最愛外帶附近的一間烤肉飯，老闆知道我是髮廊的助理，儘管便當只收五十元，但肉常滿到快蓋不起來，真的很感謝那位老闆。

題外話，大家知道去剪頭髮時，設計師幫你們剪髮的剪刀要多少錢嗎？我相信一般人都不會知道，剪刀也是分等級的，兩千元的是我們練習假人頭用的，五、六千元一把的勉強還能剪，但常常剪不斷（就是我們俗稱的翻刀），一萬元一把的剪刀才是合格的基本門檻，甚至兩萬、五萬、八萬的剪刀我也看過有人拿，一位設計師再基本也要有兩把剪刀，再加上電剪等有的沒的，對當時的我們來說是很沉重的一筆開銷。

總之，當助理這條路非常辛苦，我相信跟我同輩的設計師們應該都心有戚戚焉。印象最深刻的是，當時有位顧客堅持晚上九點多才來染頭髮，但設計師為了賺業績，當然就接受了客人的要求。「哈囉？你有問過我們助理嗎？是我們在操作耶，你只要負責在旁邊跟客人哈拉耶！」當然這句話我不敢說出口，所以我寫在這裡了，哈哈哈。

於是我就被迫加班，我記得當時弄到凌晨四點，但隔天早上八點還要到公司考助理的晉級考，想想算了，就睡公司吧！於是我就窩在店裡等候區的沙發上，睡了幾個小時後，隔天早上起來考試。

大約堅持了四年，每天上班被罵加上留在公司練習到半夜，休假日再去外面上課或去義剪活動練習，我終於要當上所謂的設計師了！

以為事業要開始起飛了

在當年，助理要升為設計師之前，有一個階段我們稱為「準師」，意思就是準設計師。

到了準師的階段，已經是燙髮、染髮都可以獨立完成操作並且學會剪髮，這時候有些店家就會進行所謂的「外派」，意思就是去別的

髮廊應徵設計師，有點類似於去外面磨練你的技術以及跟客人的互動應對。

我的外派之旅也就此展開，我應徵的店家不在桃園地區，而是在當年台北市的超級戰區「西門町」，當時的我雖然已經入行四年多，但仍然只是個十七歲的黃毛丫頭，所以當我去各店家應徵時，其實也面對過不少質疑的眼神。

好不容易應徵上一間連鎖的髮廊，這對我來說是個全新的挑戰，但也真的讓我身心俱疲，其一是因為我是「搭車通勤」。我每天早上要搭火車再轉捷運到公司，下班到家通常是十點、十一點後的事了，只能說好險當時的我還年輕，體力還足以應付，要換作是現在的我，想想就覺得累人。

除了通勤之外，同事的質疑更是少不了，因為很少有這麼年輕的設計師，所以對他們來說我就像個外星人，整天被其他人注視著，加上當時光設計師就有將近四十位，對，你沒眼花，這間髮廊有好幾層樓，光是設計師就有這麼多人，那種一直被盯著的眼神真的很令人不舒服，好險外派只有三個月，三個月後我就可以逃離這個地獄了。

回到桃園的我，終於，是一名真正的設計師了，有種媳婦終於熬成婆的感覺，我再也不用天天被罵、能夠準時下班，只需要專注在我的業績就好了。當年其實還沒有ＩＧ，所以設計師的自我行銷還是著重在臉書上，那時我才剛開始經營，業績當然是普普通通，我要如何在這些資深設計師裡被看到，並有屬於自己的獨特技能呢？

我突然想到當時台北剛流行起來的「貼片接髮」，是一種片狀上面有膠，將本身頭髮置於兩片髮片中間的一種接髮方式。當時桃園還沒有設計師在做這個項目，所以我就先讓我妹當「麻豆」，說好聽點是模特兒，但講白了就是我的白老鼠。剛好當時我妹是短髮，所以我將她的頭髮接為長髮，並拍攝接髮前後的照片，上傳到我的臉書專頁。所以其實我是桃園第一位做貼片接髮的設計師，比起早期的「編織式接髮」，貼片式讓顧客睡覺時比較不會有異物感，因此我的客源開始源源不斷，基本上我是靠這個技術在維持業績。

當時我已有男友，我們會認識是因為他算是我們店內的小股東，我的老闆則是他朋友，他閒來無事就會來店內，他年紀大我八歲，在家中排行第四，所以父母已經七十歲。也因此，他有跟我提過結婚的想法，當然我也跟阿嬤提過這件事，這次又跟我預料中的不同，阿嬤竟然沒有反對，反而還很高興，也許她是期許我能找一個還可以的家庭，過著穩定的生活吧！雖然她很兇，但也真的很疼我，總是捨不得我太操勞，因此若出現可以讓我依靠的對象，可能她就比較放心了。

原本我們是預計先訂婚再結婚，結果事情的變化跟我們所想的完全不一樣，正當我以為我的事業已經穩定且逐漸在成長時，上天送了一個大禮物給我。是的，我懷孕了！（備註一下，當時我已經成年了，請大家不要想太多。）

雖然當下有點錯愕，但其實我的內心是開心的，因為從小缺乏父母的照顧，能有個完整的家庭也是我所嚮往的，阿嬤知道這個消息後也很開心，因為她知道我的婦科狀況不是很好，所以之前就一直帶我去中醫拿中藥調理，她想到要升格當阿祖了，喜悅直接顯現在臉上。

不過，正當我以為懷孕後還能繼續工作到生產，沒想到第一胎卻讓我的身體極度不適，根本無法支撐下去，每天都在孕吐，不是在廁所就是在找廁所的路上，最誇張的是我只是去逛夜市，但遠遠聞到藥燉排骨的味道後，強烈的嘔吐感便直接襲捲而來，只好馬上在路邊吐，甚至差點站不起來。

由於持續處於這種狀態，我實在無法繼續工作，只能無奈的先放棄，開始養胎以及全職主婦的生活。

我當媽媽了！

我認為每個孩子的降生，
都是上天送來的禮物，一切都是緣分。

我在確定懷孕之後，便將手頭上的工作都停下了，懷孕初期我時常感受到強烈的疼痛，有一次甚至在公司痛到倒地不起，原本我還以為是有異常便再去了婦產科諮詢醫師。醫師說：「很正常的沒事，因為妳比較年輕，所以子宮慢慢擴張會感覺到疼痛。」聽完醫師的說詞後我放心了許多，孩子沒事就好。

到現在我都還記得第一次聽到胎兒心跳時的感動，讓我差點忍不住在診間落淚，那也是我第一次感受到自己即將為人母。第一胎的懷孕過程真的滿折磨的，從懷孕初期我便開始孕吐到將近四個月，我吃什麼吐什麼，而且很明顯的，我的嗅覺變得比之前更加靈敏。

前文有提到我光是走進夜市聞到氣味較為強烈的食物，就會開始作嘔想吐，那段時期我沒變胖反而還瘦了，外加我有點貧血，時不時就覺得頭昏。好不容易到了懷孕的中後期，孕吐的感覺已經逐漸減少，但隨之而來的又是因肚子變大帶來的不適，腳抽筋應該所有準媽媽們都經歷過，再來就是天天睡不好，連翻身都困難，還要煩惱胎兒的體重達不到標準，每天每餐都得吃很補的食物，真的是吃牛肉吃到怕！懷孕很辛苦，真的。

我的胎位沒有不正，但醫師卻建議我剖腹產，原因是因為我本身有氣喘，醫師跟家人都怕自然產時的強烈換氣會導致我的氣喘發作，決定好生產日期後，每天都是既緊張又期待，直到當天進了手術室，那支麻醉針差點沒把我嚇壞，比一般的針還要粗好幾倍，而產婦則要蜷縮成像一尾蝦一樣，讓那支可怕的麻醉針插進腰部脊椎的位置。緊接著一陣痠痛後，下半身就逐漸沒了知覺，但人是清醒的，前面會擺放一塊布擋住產婦的視線。

好笑的是，那天醫師並沒告知我已經開始手術，我只感覺到下半身有晃動感，我原本以為是醫師及護理師在準備東西，然後聽著醫師及護理師聊著天，殊不知過了十一分鐘後，護理師直接對我宣布：

「媽媽，寶寶出來嘍！」

「蛤？已經結束了？你們好歹告知我一下已經開始了吧！」就這樣，我的大女兒出生了。

後面才是辛苦的開始，我女兒皮膚非常敏感，護理師應該是在我女兒如廁後用濕紙巾擦拭，導致她的小屁屁直接紅腫破皮，跟猴子屁股一樣，這麼小的嬰兒哪受得了這種疼痛，所以時不時就會大哭，身為新手媽媽當然是又緊張又慌忙，後面不管試了多少品牌的純水濕紙巾都一樣，最後只好都用清水清洗，直到她們學會上廁所為止。

那時，每四小時女兒就會清醒要餵奶一次，導致我沒有一天能睡好覺，外加旁邊有個豬隊友，一睡下去就不省人事，那段時間真想把他踹下床。

好不容易脫離了大女兒半夜要餵奶的習慣，產後四個月我竟然又懷孕了，小女兒就這樣來報到了！好吧！是天意，是緣分到了，我的日子更加痛苦了，一邊懷孕一邊顧著我大女兒，尤其是大女兒如廁後我得抱她去清洗，到後期我的肚子越發沉重，再抱起她真的很費力。幸運的是，懷小女兒時並沒有像懷老大時有強烈的不舒服感，但疲勞感仍隨著時間加劇。

第一胎跟第二胎的生產時間隔得太接近，所以第二胎依然是剖腹產，但因為已經歷過一次，這次對麻醉針比較不感到害怕了，畢竟是第二個孩子，也比較有經驗，就像人家說的「第一胎照書養，第二胎照豬養」。

小女兒出生的那個月，不知該說是幸運還是考驗，大女兒剛好就在那個月長出玫瑰疹，這是小朋友通常在一歲左右會發作的症狀，全身會長出一點一點的紅點疹，伴隨著忽燒忽退的高燒，又這麼幸運的，大女兒玫瑰疹痊癒後又感冒了，於是我在坐月子的期間，時常要帶著大女兒往醫院診所跑，導致我坐月子完全沒有休息到，直到現在我的婦科狀況還是不太好，只要一來月事就會疼痛到幾乎無法下床，當然我也不能確定是否為月子沒做好的原因。

當憂鬱來敲門

從懷孕、結婚到孩子出生，大概過了三年後，
在種種因素下我們離婚了。

這個家庭帶給我許多壓力，每天都是顧孩子一打二的日子，導致在還沒離婚時我就需要靠一些助眠藥才有辦法入睡，日積月累後，某天我的情緒爆炸了。

從前那個對任何事情都默不作聲的我，一次性的把怒火全部發洩出來，也因此我們便散了。那是我第一次體會到一無所有的感覺，孩子搶不贏、積蓄沒有了，這幾年也完全沒有工作收入，也因此，後來我便把這些痛苦全發洩在工作上，我幾乎不休息，我只想賺錢、想盡辦法升職，工作到我的主管很害怕我的體力會因此消耗殆盡。

「妳明天休假對嗎？拜託妳在家好好休息，不准來加班。」我知道他是擔心我，雖然最後我還是升上了主管職，卻因為缺乏經驗而失敗收場，我又回歸到設計師的原點。

對了，因為某些原因我還產生了負債，所以每個月都有龐大的經濟壓力，有一段時間我早上上班、下班後還去跑外送兼職。回歸設計師幾年後，我想趁著還年輕轉換跑道拚搏一次，便有了前文提及的中古車行業務工作，依然是每天早出晚歸，我的人生好像只剩下工作，毫無生活品質可言，連當時交往的另一半都覺得我太忙碌，兩人因此漸行漸遠，忙到最後也終究是一場空，我的業績支撐不了我的經濟，因而離開了中古車行業。

在這段時間內，其實還發生了一件大事，就是我阿嬤離我們而去了。那幾年她的身體狀況每況愈下，從生病到離世大概只有兩年多的時間，這對我來說是非常大的打擊，這些累積起來的各種原因，讓我有一天突然覺得自己不太對勁。

那時的我只想把自己關在房間裡，我連燈都不開、什麼事情都不做、也完全不吃東西，腦袋中還時常浮現出一堆負面情緒，比如我很爛、很差勁、活著很累等等的想法，會無預警的突然哭泣，這樣的狀況一連就是好幾天，除了上廁所以外我完全不出房門，後來我才意識到自己生病了，便去尋求身心科醫師的幫助，在跟醫師溝通討論後，根據診斷，應該是從小長期的陰影加上成年後的種種壓力，導致我罹患了「重度憂鬱症」。

那幾年我真的生活得很痛苦，我不想面對外界、面對人群，但我必須賺錢而不得不去工作，但一面對人群我便想逃避，外加當時的另一半是個重度控制狂，他必須定位我的任何行蹤、會跑到我的工作場所看我有無接近其他異性、每一則手機訊息他都會查看，並且整天懷疑我跟其他異性有做出任何對不起他的事情，就算是「他」的朋友，是由他介紹我們雙方認識，他的朋友只是回覆了一則我的限時動態，內容並無任何不妥的言詞，他便覺得我跟他朋友有染，便到處亂傳或傳訊息給我妹妹告知她「妳姊竟然跟我好兄弟搞在一起」，我妹一頭霧水的打電話來詢問我，我便向她解釋原委，我妹只說了一句「他很可怕，離開他」。

原本還會跟他解釋、爭論的我，到後面吵到很疲乏了，我想著讓他唸吧，我睡覺好了，沒想到他不死心，會把我從床上挖起來繼續爭執。半年後我的憂鬱症更加嚴重了，開始會傷害自己，我的手上有好幾道疤痕，有一次最為嚴重，他照往常一樣跟我爭吵，我實在是崩潰了，對他說了一句：「到底要怎樣你才會相信我沒有，這樣嗎？」說完後我便拿著刀狠狠的在手上割了一道，瞬間皮開肉綻、鮮血直流，嚇得他趕緊帶我去醫院縫針。好險最後我徹底決定離開這個人，不然我真的不敢想像我會做出什麼更傷害自己的事。

那段時間我整個人有如行屍走肉，眼神空洞渙散，見到我的人都說：「妳怎麼變成這個樣子？」

我甚至還把我原有的臉書帳號刪除，ＩＧ上也只留下我真正認識的人，任何照片及動態我全部刪除，好像我這個人從來不存在於世界上一樣，整整一年，我沒有使用任何社群軟體、沒有任何的社交，唯一支撐我活下來的動力是我還有兩個女兒，每當我有不好的念頭時，我便會想到她們若沒有媽媽該怎麼辦？以此來打消我那些想衝動結束自己的想法。

好好生活

我很疲乏、我很累，
但我得想辦法解決目前的困境才行。

我試著找尋讓自己心情舒緩的方法，並且得先解決自己最大的壓力來源，即我的經濟壓力。每個月的繳款持續了好幾年，我不敢休息，因為睡醒一睜開眼，第一個想法就是「我得賺錢才可以」。在最後萬不得已的情況下，我決定尋求法律扶助會的律師協助，執行協商或是更生的流程，我知道這意味著什麼，這代表我的信用狀況會變不良、無法使用任何金融商品，包含信用卡等，這的確是下下策，但沒有什麼比讓心靈健康還來得重要，於是我便這樣行動了，到現在流程都還在進行著。

這時的我已經開始當計程車司機了，在第一章中我就有提到，我需要一份盡量不跟人群接觸的工作，於是我便展開了我的計程車生涯。在這期間我還是保持著與世隔絕的狀態，有時候會有朋友傳訊息給我，詢問「最近怎麼都沒有妳的消息啊？」之類的話，我也只是簡單的回應：「沒有啊！因為沒做業務了嘛！就不太需要在社群上面曝光啦！」

在開計程車賺錢的同時，下班後的時間我也還在努力著，我嘗試了各種方式，比方說運動、出去散步、聽音樂等，多多少少都有一些作用，但最讓我覺得紓壓的方式竟然是「閱讀」，小時候那個不愛唸書的我，竟然開始喜歡看書。

最初是先從散文、文學小說等比較輕鬆的書籍開始看，漸漸的我就開始看心理勵志書，偶爾也會看商業類型的書。從最初看的中文文學類型中，我那時特別喜歡一位作家「黃山料」，我是在臉書上不經意發現他的，當時他還在做一些名人專訪的影片，我便好奇點進他的粉絲專頁。

「這人看起來好年輕，而且手上還有紋身，竟然是個作家？」這是我當時對他的第一印象，於是我便開始購買他的書籍，他出版的書我都有購買，但其中一本讓我印象最為深刻，就是《好好生活，慢慢相遇》。這本書跟他其他的文學小說比較不一樣，裡面主要描述他的故事，而「好好生活」這四個字打動了我，也讓我省思，對我來說怎樣才是「好好生活」？

我從十幾歲便開始外出工作賺錢，一直拚命的想要往上攀爬，就連婚姻跟感情也都是屬於討好型人格，我到底要證明什麼？我為什麼要向別人證明自己？為了賺錢沒了生活，是我想要的嗎？賺錢是為了度日，我可以賺到足夠的支出，但我也可以把剩下的時間留給自己啊！自己才是最重要的吧？我可以做一些是因為我想做而去做的事情，這才叫做人生吧！

再加上開計程車後接觸了車隊這個大家庭，我也逐漸丟棄了焦慮及害怕，開始敞開心房，去認識更多不同的朋友。我有一群好戰友，有對我如親妹妹般的哥哥們，還有將我當作親生女兒般照顧的叔叔們，我也將他們視為除了家人以外很重要的人，也開始參加一些他們的聚會，透過見面打招呼聊天。

下班後我也開始做自己喜歡的事情，除了看書，偶爾也會跟普通人一樣看劇或電影，也會自己去吃一些喜歡的美食，我的情緒因此好轉了許多，雖然現在還沒完全脫離身心科藥物，但我已經不是那個整天面容憔悴、失魂落魄的王婧了。

光是閱讀這件事情就改變了我很多，我從每本書中學習作者對生活、工作等的不同觀點及想法，透過大量閱讀，書籍充實了我的心靈，經過了一年，我的閱讀量飛速成長，實體書加上電子書就讀了將近一百本，也許這對很多人來說只是小菜一碟，但對我來說，卻是這一年內最大的轉變及突破，我從未想過我會因此愛上閱讀，當時我心中還浮出一個小夢想：「如果我也開始寫書呢？」我也萬萬沒想到現在的我真的在寫書。

如果你身邊也有患有憂鬱症的家人、朋友，請嘗試給他們一些包容與鼓勵，因為我們也不想要生病，也請別對他說「不要想太多」之類的話，因為並不是我們刻意要去多想，而是因為生病了，讓我們的大腦會一直浮現負面想法。

若你覺得自己有過度焦慮的情況，也請不要在意別人的眼光，這並不丟臉，不妨尋求身心科的幫助，努力讓自己好起來，一切都會好轉的。

我的原生家庭

也許人生總有些很糟糕的事情，
但仍會有美好的人陪伴著我們。

我的父母親從我有印象以來，從未和平相處過，包括他們尚未離婚時也是。我的母親是位嬌生慣養的千金，她從來沒有工作過，而且她其實也不需要，因為當時她的母親也就是我的阿嬤，是一位差點讓公司上市上櫃的老闆。

阿嬤是雲林人，但從年輕時就自行北上打拚，在她的努力下，開了一間造紙工廠，她不是老闆娘而是一位貨真價實的老闆，在那個男主外女主內的年代，阿嬤可以說是「女強人」也不為過。她婚後生了三個孩子，最大的就是我母親，因此母親可說是過著富足的生活，什麼都不缺也不需要出門工作，任何物質需求可以說是張口就來，甚至在生了孩子之後，也就是我跟我的弟弟妹妹們，也幾乎都是由保母或是阿公阿嬤在照顧。

我的父親是性格非常溫和的人，我從未看過他生氣，父親算是高學歷分子，家裡雖不是什麼富貴家庭，但他憑藉著自己的努力，讀完大學的法律系，就算現在的他開著計程車，他還是可以利用瑣碎的時間考取全英語的導遊證照。

我非常佩服他「活到老學到老」的精神，他總認為學習是一件永無止境的事情，不管現在處於什麼樣的生活環境、什麼年紀，只要是他想學習且有興趣的事情，他都會想盡辦法去完成它，所以就連身為他的子女的我們，只要是有想學習新事物，他都會無條件的支持我們，就好比我寫這本書也是一樣，他認為是一件具有挑戰且非常有意義的事情，我們彼此都會討論寫作的內容等。

我的父母之所以會結婚，也不是因為所謂的愛情，純粹只是長輩們互相認識而結緣，進而走入婚姻，人總說感情是可以培養的，但我父母親就算相處再久也無法培養出所謂的「感情」，而是一種將就著過日子的型態。

但這種將就的生活無法持續太久，印象中我父母離婚時，我應該是上幼稚園的年紀，而我那對龍鳳胎的弟弟妹妹還沒開始讀書，於是我跟妹妹留在阿公阿嬤身邊，弟弟則是跟著父親一起回到淡水老家生活，直到我上小學五年級前，彼此都沒有聯絡。

至於我說那間造紙工廠是「差點」上市上櫃的公司，因為就差那一點點的時間，阿公的友人勸說他當自己的保證人，結果人心難測，這位友人捲款逃跑，而我們家則要負責那筆巨款，就在一夜之間，公司及家中所有地產房產全部化為烏有，也因為如此，我們舉家南遷至桃園這個陌生的城市生活，兩位老人家雖然已到了無法東山再起的年紀，卻也依然保持著樂觀的心態面對，總是對我們說著「至少生活還過得去就好」，這樣的樂觀態度可不是人人都有，畢竟有些人會因此而墮落甚至選擇放棄生命。所以，也許阿公阿嬤的樂觀態度有影響到我，我總認為「不管多低潮，總是會過去的」。

但我母親卻大不相同，順遂且富裕的生活已經令她習慣，生活的現實導致她得自立自強，無法再依靠父母的光環，但她從未經歷過社會上的歷練，也許是因為如此，導致她的性格變得暴躁且易怒，當這種壓抑的情緒需要發洩時，我跟妹妹就成了她的「出氣筒」，我們總是不懂母親為何要這樣對待我們，我們到底做錯了什麼？我跟妹妹心裡總是這樣想。

但好險還有疼愛我們的阿公阿嬤，總是保護著我們，讓我們少受了很多苦，妹妹長大後總是會說：「要不是有阿公阿嬤，我們應該早就……」的確是如此，那幼小的身軀要承受著如此殘暴的肢體攻擊，若沒有人制止，或許我們早已不存在於這個世界上了。

其實我不知道該說慶幸家裡的事業結束了嗎？因為長大後的我有

時會想著，若我們還過得如此富裕，是不是也會成為像母親那樣的人？也因為有著這段經歷，我跟妹妹才能學會獨立，並且在面對打擊時知道自己必須重新振作。

過去的事情就讓它過去吧！每個人都要勇敢面對屬於自己的人生。無論你經歷過什麼痛苦，傷口結痂之後，會成為你的成長印記。

重啟人生

我感謝自己還活著，
現在的我每天都過得很充實。

我曾關閉了網路社群長達一年多的時間，就在二〇二三年十一月七日的晚上，我瞬間突發奇想：「是不是該做點不一樣的事情？」我思考了一下，「我該做什麼呢？開個粉絲專頁？」就這麼突然的，我用新的臉書帳號申請了一個粉絲專頁，名稱就叫「雖然是女生，但開著計程車」。

我從申請到為粉絲專頁命名，大概只花了十幾分鐘的時間，那天晚上我隨手拍了張照片，發了篇簡單的文章，其實一開始我也不知道為什麼要開粉絲專頁，大概就是覺得好像有點無聊，可以發一些零碎的生活瑣事，其實這種事我以前也做過，就是在當中古車業務的時候，那時候是因為工作的需求才創辦的，而這次單純是因為自己想做而去做。

一個新的粉絲專頁看起來就是感覺很空虛，所以剛開始我每天都會上傳一兩篇生活瑣事。「那接下來要發什麼呢？」於是我發了一篇標題為「你也想當營業車駕駛嗎？」的文章，內容敘述了如果要當一名職業駕駛，你需要準備什麼，以及要怎麼做才能進入這個行業。

第二天我又發了一篇「你也想當營業車駕駛嗎(2)？」的文章，就是有關我當初考計程車執業登記證的小技巧，那時只是想著為了考試我也有上網查相關的資料，但不是很零散就是還要花錢去上課，於是我便把自己的心得總結出來，免費分享給有需要的人看，沒想到這兩篇文章被轉發的次數不少，瞬間我的專頁就開始慢慢有流量跟追蹤人數了。

後面我也繼續想到什麼就發什麼，比如說簡單的早安文、自己打的短篇文章、計程車生活、閱讀心得等，也許是因為女性的計程車駕駛比較少見，我的專頁在不到一個月的時間內，追蹤人數就已突破千人，而且人數一直不斷的成長中，現在我寫這段文字時，已創立粉絲專頁七個多月，目前的追蹤人數是一萬九千人。

其實這讓我有點受寵若驚，因為我一開始純粹是無聊創立的，追蹤人數漸長後，反而讓我變得有點忙碌，光是回覆一則貼文的留言，就可以讓我花將近二十分鐘左右的時間，更不要說那些私人訊息了，當然全部都是我自己親自回覆的，有些是單純想聊天的、有些是想問計程車考試問題，也有一些要預約搭車的訊息。

其實我自己也思考過，為什麼人數會成長得這麼快？我猜想是跟「利他」這件事情有關吧？我當初創立時，沒有抱持累積客戶量或賺錢等想法，我發的那兩篇關於考試的文章，單純只是想幫助一些想入行卻迷茫的人，任何有關詢問考試的訊息，我也總是毫不保留的回答，能幫助他們也讓我感到心靈上的滿足，這就像作家愛瑞克老師所說的，是「內在成就」的一種吧！不是外在的名和利，而是心靈上的富足感。

成立粉絲頁後，也讓我這七個月的生活有非常大的轉變。我因為發過閱讀心得的文章，也被幾家出版社看到，收到不少出版社寄書給我，供我閱讀、撰寫心得，也開始會有一些商品廠商聯絡我，邀請我開團購或發文介紹商品。另外，也收到電視節目的邀約，包括我現在寫的這本書也是因為這個專頁而來。對我來說，我並不在意這些所謂的名氣或利益，而是我的人生旅途因為這些經歷，多了很多里程碑，這對我來說是意義非凡的。

我也曾發過一則短影片，影片內容是說，不管你身處在什麼行業，都可以試著經營自己，哪怕妳只是家庭主婦，但妳可能會做菜、育兒很有心得等，這些都是可以分享出來的內容，經營自己不一定是要為了名利，當你被看見時，內心會有成就感。

而我也因此結識了各行各業有在經營粉絲專頁的朋友們，其中有心理師、社工老師，甚至是全職媽媽們，他們透過自己的專業或生活方式，進而被許多人看到，也許你不一定要在網路上拋頭露面，但只要是發自內心想做，就值得一試，因為人生只有一次，大膽放手去做吧！不管結局如何，這些都能成為你的經歷，甚至因此改變人生。

「這是我的重啟人生，我度過了黑暗看見光明，我相信你也一定可以。」

附錄

如何成為一名營業車駕駛？

自從我開始踏入計程車司機行業，身邊也有不少朋友詢問我「如何入行」，或「我需要準備什麼？」「這個考試好考嗎？」這些是大部分人不外乎會問的問題。

在台灣，如果你想當一名營業車駕駛，需要兩項證明你才有辦法開始開車營業，分別是「職業小客車駕照」與「計程車執業登記證」，這些其實網路上都有資訊可以閱覽，不管你是要開黃色計程車或者是多元化計程車（不烤黃色車色，掛紅色字牌的皆稱為多元化計程車）。

至於多元化計程車，許多人稱它們為白牌車，但其實是錯誤的。不管是在55688或Uber等平台叫車，都稱為多元化計程車，網路上的資訊太多，甚至有所謂的「登記證考前課程」，導致許多人認為要獲得這張登記證很困難，因而卻步。

關於職業駕照，有些駕訓班有提供職業考照的部分，但並不是每家駕訓班都有，如果你是桃園人，可以搜尋「國泰駕訓班」，我自己也是在那裡考照的。職業駕照考試一定是使用手排車，若你原本是普通手排駕照，那升級成職業駕照只需要考兩個項目，即「S型倒車」及「曲巷調頭」，若你跟我一樣原本是普通自排駕照，那考試項目便是四項，包括「上坡起步」、「路邊停車」、「S型倒車」及「曲巷調頭」。

駕訓班從課程到考試只需要一週的時間，當你獲得了職業駕照，就可以到當地的交通大隊報考執業登記證，考試日期要依當地報考人數安排場次，所以如果你想當營業車駕駛，就盡快考到職業駕照吧！

拿到職業駕照也需要幾天的時間，這期間可以先去準備報考執業登記證要用的「兩吋半身證件照」，接下來就是直接去各縣市的交通大隊報考，報考的日期依當地考場人數，額滿為止。有的人甚至得排到兩至三個月後，甚至聽說還有到半年的，所以有需求的人千萬別耽誤時間。

考試內容只有筆試，共兩個項目，分別為「地理位置」及「交通法規」，大多數人都是在地理位置這關卡關。先來說一下，考試內容分為「是非題」及「選擇題」，關於是非題的小祕訣，就是請只要背「非」的部分，因為非的題目數較少，若你「是非」都一起背容易造成混亂。簡單來說，就是當你考試時你背過的題目，請都打╳，而剩下的則都是○了。下載完題庫可以自行整理成一份內容只有「╳」的文檔，這樣在看題庫時會比較明瞭不混亂。

考試題庫在計程車服務網上都能下載到文檔，請注意！務必看清楚你報考單上的地理範圍，舉例我是在桃園考試，我的考試範圍就是基隆市、新北市、台北市、桃園市、新竹縣及新竹市，千萬別以為報考桃園，就只下載桃園市的題庫。再來，無論是非或選擇題，請熟記你報考的縣市題型，以確保能完全過關，因為當地的題型會占比七成左右，剩下的才是外縣市。建議可以下載「阿摩線上測驗」APP，除了可以做線上測驗，還能幫助記憶。

至於「交通法規」，陷阱題會在罰鍰金額部分，這個部分也要仔細看清楚。後續我也有上傳我如何整理考試題庫的影片至YouTube，若你需要參考，可以掃描下方的QR Code。

YouTube
考題整理

後記

感謝幫助我的每一個人

在這裡我想感謝出版社給我出書的機會，我從未想過自己也能寫出一本書，這本書是我花了許多心血和努力完成的，也辛苦出版社的編輯團隊，謝謝你們協助我完成這本書，也謝謝你們認同我這個人。

再來，我要感謝所有的讀者們，感謝你們將我寫的這本書看到最後，每一位讀者的肯定和鼓勵，都是我繼續前進的動力，讓我相信自己的作品是有價值和意義的，我也希望能夠鼓勵到需要幫助的人，不管是什麼樣的困境，都希望你能順利度過。

除了讀者們，我也要感謝我的家人和朋友，他們給予了我無限的支持和鼓勵，在我寫作的過程中，他們總給予我力量和信心，尤其是我老爸，從還未簽約時他就一直鼓勵我，說我一定可以的，還搞笑的說他女兒要變成大作家了！就連簽約後告知阿公這件事，阿公也很為我感到開心，沒有這些支持和理解，我不可能完成這本書。

我也要謝謝自己，這不只是一本書，更是送給自己的一份禮物與紀念，我也希望這是我送給女兒們的紀念，在這裡我也想對女兒說：「女兒們，雖然我無法日日陪伴在妳們身旁，但媽媽只希望妳們能夠健康快樂，我不奢望妳們的成績有多好、學歷要多高，但我希望妳們能保有善良的心與禮貌的待人之道，若妳們有夢想、有喜歡做的事，可以盡情的去嘗試，失敗了也無妨，但要記得勇敢的爬起來，媽媽會永遠做妳們的後盾。」

謝謝在天上的阿嬤，當時答應妳要好好生活，現在我做到了，不知道妳在天上看見了嗎？妳應該也很為我開心，對吧？雖然妳無法親眼見證我出書的時刻，但妳永遠在我心中，永遠是我最厲害的榜樣。

謝謝千石車隊的所有隊友們，正是因為認識了你們，才能有今天的我，從入行開始，你們就對我萬般的照顧，尤其是我同學及他的家人們、兩位老哥、乾爸以及我的好姐妹，讓我在開計程車的這條道路上不孤單，未來我們一定會更好的，在這也祝福所有司機們阿達力旺旺、賺錢賺飽飽！

寫作其實是一個孤獨的過程，無形中也增加了一點壓力，畢竟我不是全職作家，我得兼顧生計出門開計程車，下了班後才有一點時間可以寫書，中間我也一度迷茫進入了停滯期，但頭都洗了，哪有回頭的道理，也有許多人在粉專上幫我加油打氣，秉持著「絕不能辜負你們」的想法，讓我覺得我一定要寫完，謝謝所有關注我的人。

最後，我想告訴所有的讀者們，無論你現在處於什麼樣的人生狀態，我還是那句老話：「只要不放棄，你永遠可以為自己開啟另外一扇窗。」

謝謝大家的閱讀和支持，未來還有沒有出書的機會我並不知道，但我會在自己的領域中持續努力下去。

TAXI

心靈漫步

雖然是女生，但開著計程車

2024年12月初版　定價：新臺幣360元

著　　者　王　　婧
叢書主編　陳永芬
校　　對　陳佩伶
內文排版　葉若蒂
封面設計　鄭婷之

出版者　聯經出版事業股份有限公司
地址　新北市汐止區大同路一段369號1樓
叢書主編電話　(02)86925588轉5306
台北聯經書房　台北市新生南路三段94號
電話　(02)23620308
郵政劃撥帳戶第0100559-3號
郵撥電話　(02)23620308
印刷者　文聯彩色製版印刷有限公司
總經銷　聯合發行股份有限公司
發行所　新北市新店區寶橋路235巷6弄6號2樓
電話　(02)29178022

編務總監　陳逸華
總編輯　涂豐恩
總經理　陳芝宇
社　　長　羅國俊
發行人　林載爵

行政院新聞局出版事業登記證局版臺業字第0130號

本書如有缺頁，破損，倒裝請寄回台北聯經書房更換。　ISBN 978-957-08-7515-7 (平裝)
聯經網址：www.linkingbooks.com.tw
電子信箱：linking@udngroup.com

國家圖書館出版品預行編目資料

雖然是女生，但開著計程車/王婧著．初版．新北市．
聯經．2024年12月．280面．14.8×21公分（心靈漫步）
ISBN　978-957-08-7515-7（平裝）

1.CST：自我肯定　2.CST：自我實現

177.2　　113015404